3166

MANET

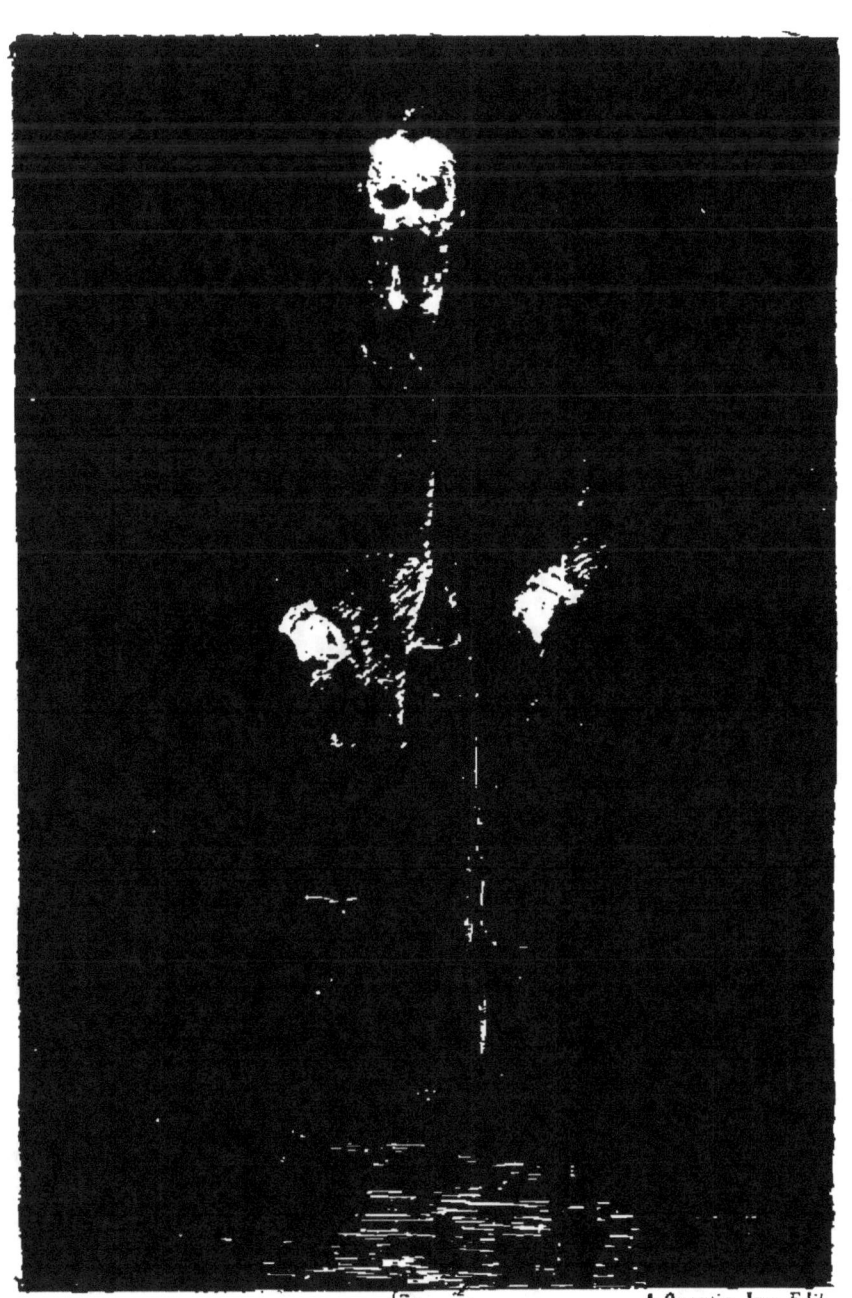

EDOUARD MANET PEINT PAR LUI MÊME

Eau forte de M. H. Guérard d'après le tableau

A. Quantin. Imp. Edit.

EDMOND BAZIRE

—

MANET

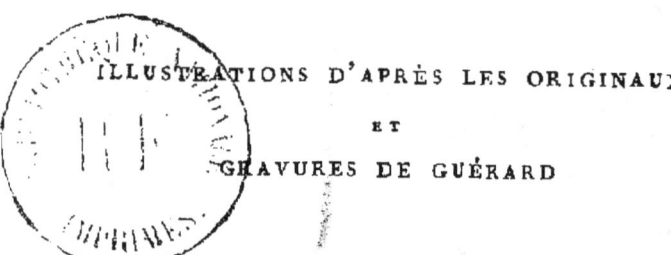

ILLUSTRATIONS D'APRÈS LES ORIGINAUX

ET

GRAVURES DE GUÉRARD

Manet et manebit.

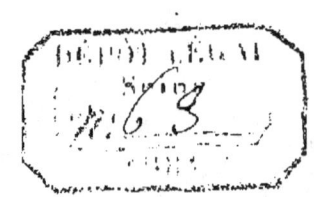

PARIS

A. QUANTIN, IMPRIMEUR-ÉDITEUR

7, RUE SAINT-BENOIT, 7

—

1884

EDMOND BAZIRE

———

MANET

ILLUSTRATIONS D'APRÈS LES ORIGINAUX

ET

GRAVURES DE GUÉRARD

Manet et manebit.

PARIS

A. QUANTIN, IMPRIMEUR-ÉDITEUR

7, RUE SAINT-BENOIT, 7

———

1884

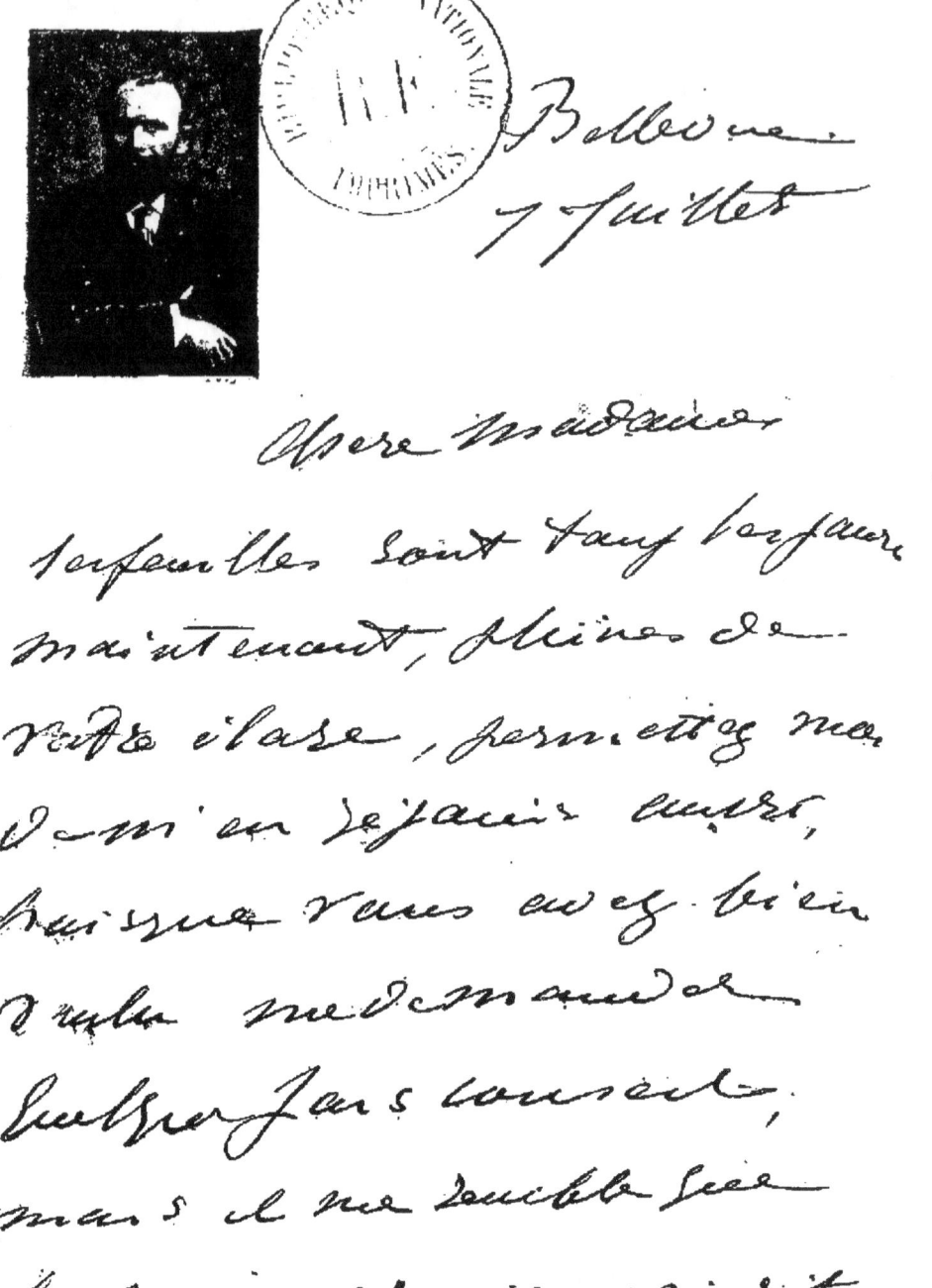

Bellevue
7 Juillet

Chère madame

les feuilles sont tout bon faire
maintenant, pleines de
vôtre classe, permettez moi
de m'en réjouir encore,
puisque vous avez bien
voulu me demander
quelques conseils,
mais il me semble bien
le succès que vous méritez
depuis longtemps: J'affirme

cette année. — Quel malheur
que vous ne vous soyez
pas recommandé d'quelque
Bonnat ou de quelque
Cabanel, vous avez eu
trop de courage et cela
comme la vertu c'est
rarement récompensé.

vous vous mettez en
l'andrage que St Léon
avez-vous fouré des
jolis modèles — notre
seul Sauveur à beaufort

y a la main et les
connaît toutes et sait
où sont les fleurs...

J'espère bien sans vouloir
nous revoir à Bellevue
au moment de la fête
nous aurons au moins
quelque distraction
à vous donner, en
attendant mes meilleures
amitiés à tous et
à vous chère madame,

J. Masset

Madame Henri Guérard

15 rue de Bréda

Paris

MANET

I

Premières Années.

Logique bizarre des choses! Édouard Manet, qui devait lutter contre le goût immobilisé de ses contemporains, commença par lutter contre les ambitions quelque peu bourgeoises de ses parents.

Il naquit en 1832, — dans une maison de la rue des Vieux-Augustins, aujourd'hui rue Bonaparte, située juste en face de l'École des Beaux-Arts, — d'une famille de magistrats, qui rêvait pour lui — l'aîné de trois fils — une de ces professions libérales où l'on s'honore en suivant de vieilles traditions et en restant fidèle à la routine méthodique des ancêtres. C'est ainsi qu'il grandit, bercé en des idées froides, ayant la perspective d'un uniforme, judiciaire ou militaire. Tout enfant, il fut mis entre les mains d'un ecclésiastique, l'abbé Poïloup. Puis, légèrement préparé, il entra au collège Rollin. Fut-il latiniste distingué? Je ne sais. Fut-il un brillant helléniste? Je ne l'affirme pas. Ce qui n'est nullement douteux, c'est qu'il fut pris, très tôt, d'une passion vive pour le dessin. Un de ses oncles, attaché à une école d'artillerie, la lui inspira, en se livrant assidûment aux joies du croquis à la plume. L'élève, lui aussi, fut séduit par le charme des lignes qui se fondent et des modelés qui s'estompent. Et, dès lors, il obéit à une vocation irrésistible. Il oublia les thèmes et les versions, ou les relégua au second plan, et les pages blanches de ses cahiers se noircirent, non de traductions, mais de portraits, ou de paysages, ou de fantaisies.

Lorsqu'il eut atteint seize ans, il se prononça. La fièvre de la palette le tenait déjà. Ses études étaient terminées, au collège. Il exprima ses vœux. Il avoua qu'il éprouvait une tendresse mince pour les beautés des codes civils ou non..., et il fut résolu qu'il s'embarquerait. La marine semblait convenir à son tempérament; elle convenait, dans tous les cas, au tempérament des siens; n'est-ce pas le principal, souvent? Il fut présenté à un capitaine marchand, M. Besson, et rejoignit son poste modeste à bord de la *Guadeloupe*, transport qui faisait voile sur Rio-de-Janeiro. N'espérez pas qu'ici je vous raconte des aventures émouvantes. Je confesserai qu'il n'y en eut pas. La traversée s'accomplit très calme; l'équipage revint, repartit, sans qu'il se produisît le moindre événement : ni naufrage, ni homme à la mer, ni révolte, ni famine.

D'humeur égale et gaie, jamais indiscipliné, le novice regardait l'infini, s'emplissait les yeux du spectacle admirable des vagues et des horizons, — pour ne plus l'oublier. — C'était alors un garçon délicat, svelte, la figure pâle et douce; il portait en lui, sous la grossière vareuse, la distinction qui ne l'abandonna pas.

Peut-être beaucoup de personnes pensent-elles qu'il travaillait déjà, se préparant à l'art qu'il illustra. Non.

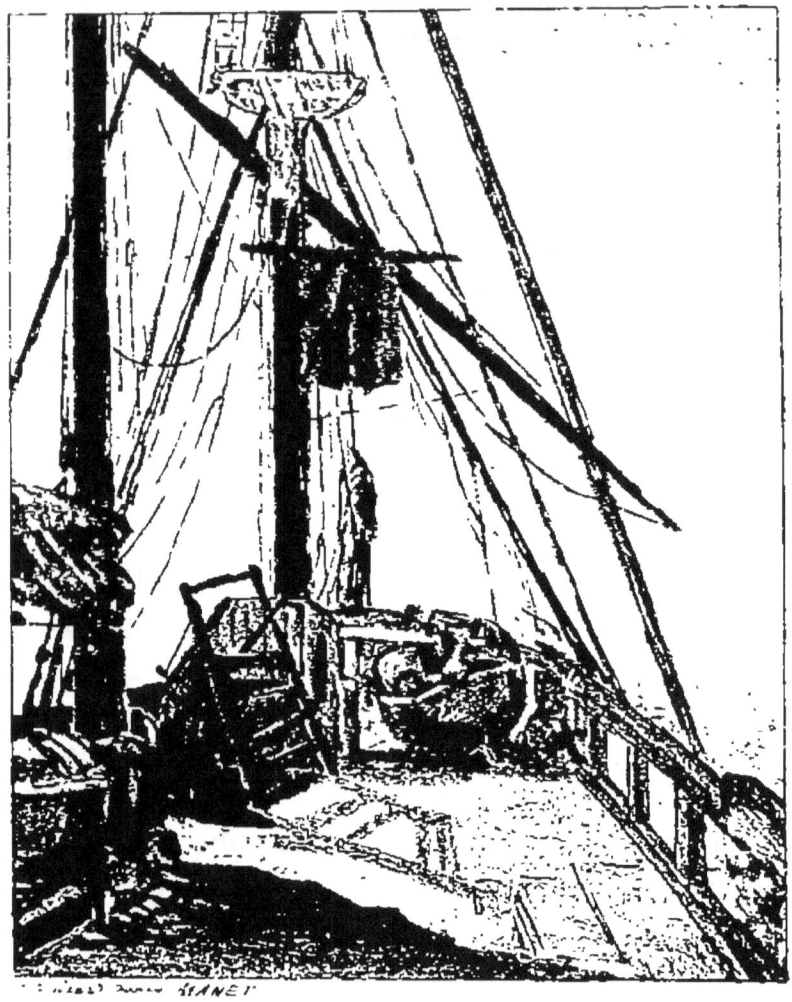

Il ne quittait guère son crayon, croquait des physiono-mies, les chargeait, aimait à saisir un coin pittoresque, arrêtait au passage une fugitive impression. Il a laissé, de ce temps, de très humouristiques aspects de l'Amérique méridionale. Ce n'était pas l'étude : une distraction simplement.

De la peinture, il ne se préoccupait pas encore.

Si, toutefois.

Il a raconté lui-même, à bien des reprises, comment il donna son premier coup de pinceau.

— Un jour que nous approchions des côtes, disait-il volontiers, nous nous aperçûmes que notre cargaison de fromages de Hollande avait, au contact de l'eau, subi des avaries. La croûte en avait pâli, et il y eut des inquiétudes. Je m'offris pour réparer les désastres, et consciencieusement, avec un blaireau, je refis la toilette des têtes de mort, qui reprirent leur belle teinte lie de vin. — Ce fut mon premier morceau de peinture.

II

Chez Couture.

Au retour de cette excursion lointaine, fatigué décidément de la navigation et nourrissant dans son esprit des projets tout différents, il se détermina à entrer dans un atelier. Il y eut bien, autour de lui, des protestations. Il passa outre et s'inscrivit parmi les élèves de Couture.

Couture n'était pas d'une douceur extrême et il n'aimait pas surtout que l'on s'émancipât. Il entendait que ses disciples ne sortissent pas du cercle de ses leçons. Il voulait se perpétuer dans l'œuvre des jeunes gens qu'il dirigeait. Il avait la prétention de former de petits Couture et de niveler à sa taille toutes les individualités coupables de se manifester. Il pratiquait l'empâtement et travaillait de « chic ». Le « chic » et l'empâtement étaient élevés par lui à la hauteur de doctrines.

Ce fut quelque temps avant le coup d'État, en 1851, que Manet fit son apparition chez le peintre des *Romains de la décadence*. Dès alors, il avait des essors personnels et sa griffe se marquait sur ses premiers essais. Il donnait des morceaux hardis, qui faisaient pressentir les audaces futures. Devant le modèle, il prenait tel ou tel thème, une oreille, une nuque, une épaule, et le traitait avec une originalité puissante, qui déchaînait la fureur de son maître.

Couture détestait cette manière indépendante de voir et d'exprimer, et il ne dissimulait pas son antipathie pour le téméraire qui secouait ainsi le faix des traditions et des conventions. Souvent, se promenant de long en large, inspectant çà et là, il répétait, de méchante humeur :

— Manet ! Ce sera le Daumier de 1860 !

Mauvaise prédiction ! Le Daumier de 1860, ce fut Daumier, et Manet devait être — un peu plus tard — Manet.

Ces dispositions hostiles n'avaient d'ailleurs pas de résultat. Malmené, Manet persévérait, retenant les indications techniques, cherchant l'inspiration au dehors. En aucun instant de sa carrière il ne dévia de cette ligne de conduite : envisager la nature, la traduire d'après soi, telle était son esthétique. Il n'empruntait pas les documents à ses prédécesseurs et s'efforçait de boire dans son verre. Il regardait non dans sa mémoire, mais dans la réalité.

On sait que c'était un crime. Pour beaucoup, c'en est toujours un.

Il en était à ces études préparatoires quand le Deux-Décembre le surprit. En cette journée tragique, personne ne travailla guère. Aux premières nouvelles, on se précipita vers les proclamations qui salissaient les murailles. Des odeurs de poudre passaient. De temps en temps, un grand bruit montait, le bruit d'un escadron qui galope et d'une multitude qui se sauve. Des roulements de tambour se mêlaient aux sons déchirés des clairons. Puis un coup de feu éclatait, isolé, et de longues décharges ébranlaient l'air triste.

Manet voulut sortir. Il partit, accompagné d'un de

ses camarades, M. Antonin Proust. Insouciants et curieux, ils allaient au hasard, lorsque, rue Laffitte, ils furent tout à coup menacés par une charge de cavalerie. Où se réfugier? Les chevaux s'avançaient furieusement, dans la largeur de la chaussée. Impossible de rétrograder ni de se glisser le long des maisons. C'était la fin. Ils allaient être foulés aux pieds impitoyablement.

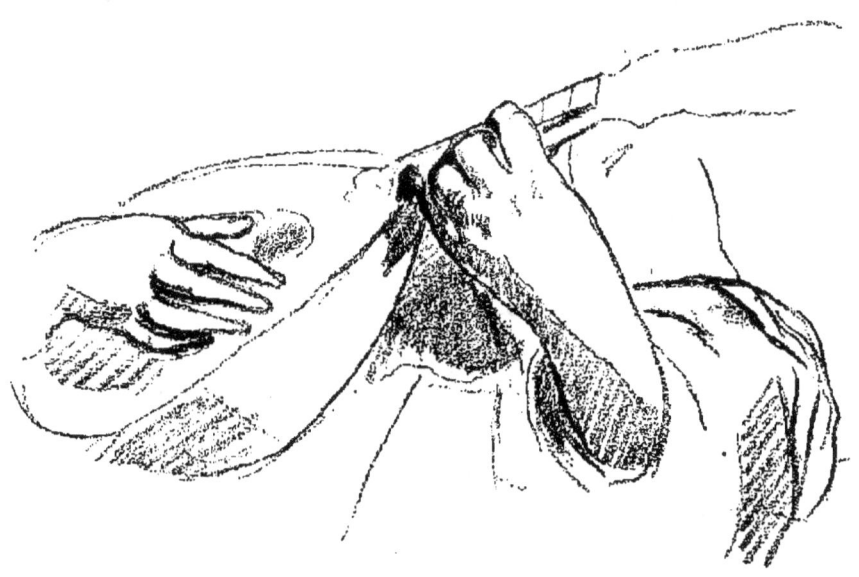

CROQUIS D'ÉDOUARD MANET.

Résignés, ils s'adossèrent à une porte, se faisant petits, conservant une vague espérance. Il s'en fallait de quelques mètres. L'écrasement venait à eux, farouche...

La porte s'ouvrit. Ils se jetèrent à l'intérieur de l'asile imprévu. Ils étaient sauvés. Cette porte appartenait au magasin du marchand de tableaux Beugniet.

Le soir, néanmoins, malgré cette alerte, ils ne renoncèrent pas aux périlleuses promenades. Une patrouille les rencontra et ils couchèrent au poste. Ce n'était pas grave. Le lendemain, relâchés, ils assistaient, à plat ventre, à l'abominable moisson de l'hôtel Salandrouze,

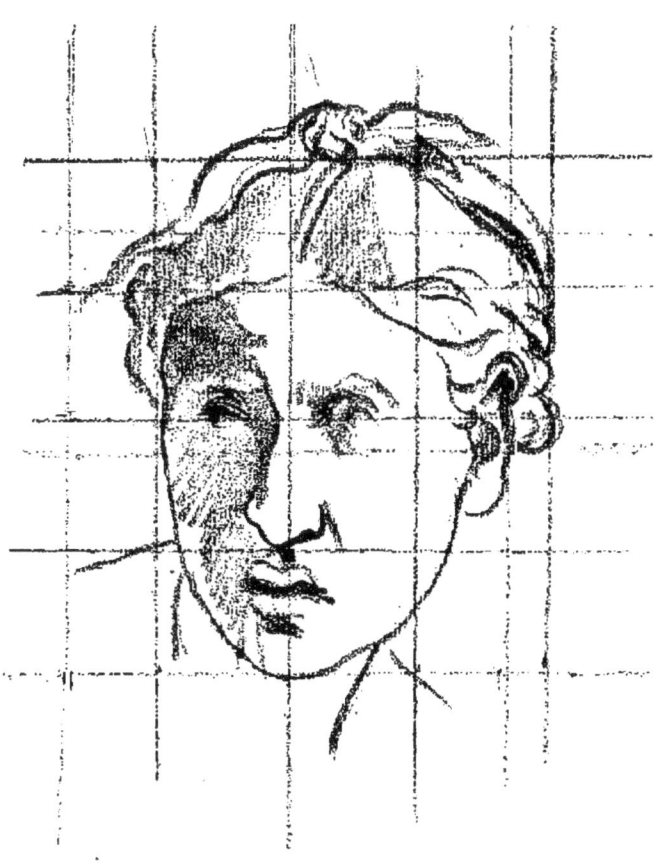

CROQUIS D'ÉDOUARD MANET.

et, pendant l'après-midi du 4, ils erraient à travers les sentiers du cimetière Montmartre, cherchant à reconnaître les morts, qui, ce jour-là, étaient rangés sur les tombes.

Plusieurs années après, Manet se rappela les épisodes

dont il avait été le témoin. Il n'eut qu'à rassembler ses souvenirs pour reconstruire le drame effroyable des exécutions et pour en retracer l'aspect sinistre et la férocité froide.

III

Voyages.

Vers cette époque de tempêtes et de désolation, il
éprouva l'intense attrait de l'étranger. Il voulut visiter
les collections des maîtres ; il partit. C'est sur l'Alle-
magne qu'il se dirigea d'abord.

De Cassel il gagna Dresde, où les Galeries le retin-
rent ; il descendit à Prague, la vieille ville de Nepomuk,
où, à chaque pas, une merveille architecturale vous
arrête, passa par Vienne, admira les richesses du Belvé-
dère et du palais Lichtenstein et rentra par Munich. Dans
la Pinacothèque, il eut la nostalgie du travail, et il copia
un portrait de Rembrandt, avec cette habileté et cette
prestesse qui étonnèrent toujours en lui.

Il ne rentra à Paris que pour une courte halte. Les
Italiens, à leur tour, l'appelaient. Il se rendit directement
à Florence, où il prit nombre de notes. Sur les albums
de cette époque, toute cette excursion est, pour ainsi dire,
gravée jour par jour, étape par étape. Le dessin, qui
fut sa première force et qui est resté sa force, à lui qu'on
accusa de ne pas dessiner, retraça mille motifs entrevus
et reproduits aussitôt. Il a laissé des croquis de fontaines
et des décorations murales saisies au passage avec une
verve extraordinaire.

Il ne fit qu'apercevoir Rome. C'est à Venise qu'il

s'arrêta davantage. Accompagné de deux amis, il par-
courait les musées, et, dans le calme doré de la ville

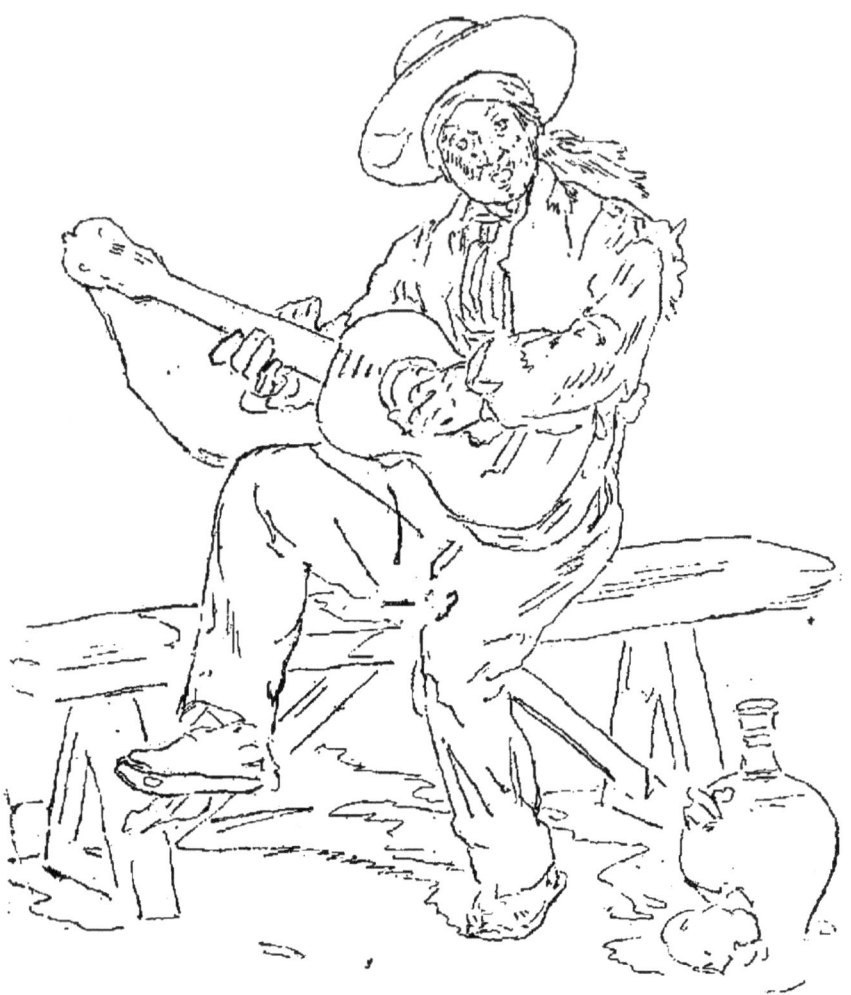

FAC-SIMILÉ D'UN CALQUE D'ÉDOUARD MANET
De son eau-forte *le Guitarero*.

exquise, rêvait aux illustrations du xvie siècle. Un
jour, il visitait je ne sais quelle salle, où se trouve un

admirable Tintoret. Il était, comme toujours, armé : pinceaux, boîte à couleurs, palette ; c'était son inséparable bagage. Ses amis le quittèrent pour pousser plus loin leurs investigations. Au bout d'une heure et demie, quand ils le rejoignirent, il avait terminé la copie de l'œuvre du vieux maître, et c'était un miracle de reproduction savante : le tableau de Tintoret était devenu double.

De ces voyages, le second surtout causa un instant une impression vive. Manet conçut plusieurs morceaux qui sont imprégnés de souvenirs vénitiens. Telle tête de Christ, tel *Jésus au jardin,* dont on n'a plus que l'ébauche, datent évidemment de son retour. On est certain aussi qu'alors il entreprit plusieurs tableaux religieux, qui furent terminés, bien qu'on n'en retrouve que des fragments. Il lui arriva plus d'une fois, en effet, de découper, dans une composition complète, une figure, un épisode, et de sacrifier le reste.

Néanmoins, il subsiste, en son entier, un tableau qui évidemment, — malgré la date qu'il porte : 1861, — garde l'empreinte de cette période. C'est la *Nymphe surprise.* La contexture, qui fait songer à une étude du Français Lagrenée, est enveloppée de tons chauds et mordorés. Le paysage, l'entente même de la scène, les ciels, tout y trahit une préoccupation des beautés vues dans le voisinage de San-Marco. Le trait en est d'une impeccable sûreté. La couleur vibre, le corps est superbe d'ampleur. Mais la réminiscence y est flagrante. La personnalité ne s'en dégage point. C'est un morceau d'étude, fort remarquable incontestablement, mais qui n'annonce qu'un virtuose de premier ordre.

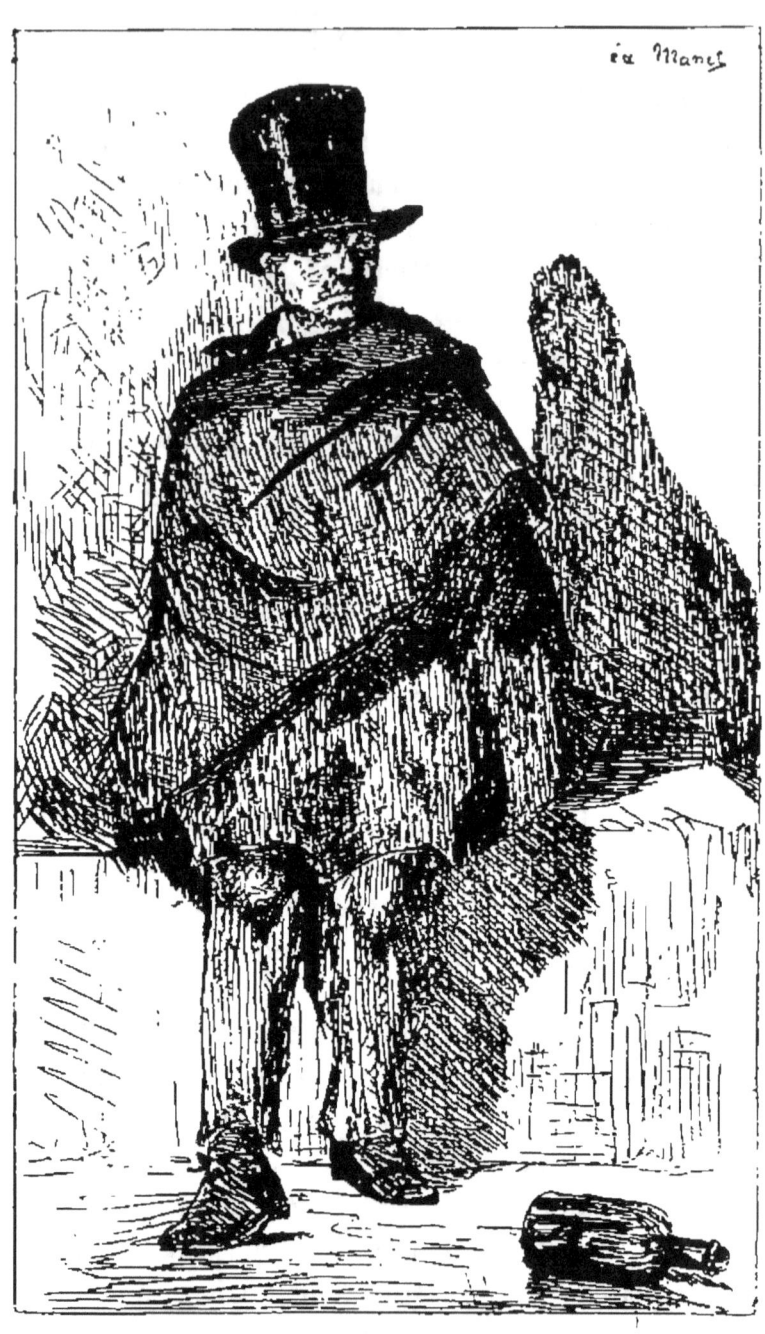

LE BUVEUR D'ABSINTHE.

(Fac-similé d'une eau-forte d'Éd. Manet.)

IV

Débuts au Salon.

Il allait ainsi, s'échappant de l'atelier, y rentrant, visitant les musées de l'étranger, s'inspirant, méditant, toujours en éveil. Où est la vérité ? Voilà la question. Un jour, Manet dira : elle est dans l'expression sincère des choses vues. Mais il commençait par où toute conscience commence : le doute en soi, et il courait l'Europe pour découvrir l'ancêtre qui eût raison.

Toutefois, il interrompit ses courses hors les frontières, et, pendant plusieurs années, se contenta d'un voyage quotidien au Louvre. Là, il fut frappé par les Espagnols. A partir du moment où il connut et analysa Velazquez et Goya, de nouvelles perspectives s'ouvrirent devant ses yeux. Il pressentit dès lors la pleine clarté, en considérant ces œuvres où le noir arrive à être lumineux, et toute sa recherche s'en trouva bouleversée. Il eut bien des réminiscences lointaines de Couture, dans le *Buveur d'absinthe*, par exemple. Il se prit à se souvenir de Courbet dans le *Vieux Musicien*. Mais l'Espagne lui trottait par le cerveau et il l'empoigna tout à coup à bras-le-corps, ambitieux de la respecter et de la rajeunir, et dans des moules anciens il coula des aspects nouveaux.

Il habitait alors la rue Lavoisier. Ne vous imaginez pas un intérieur luxueux. La principale richesse qui

ornât ses quatre murs, c'était la foi, — cette force. —
Ceux qui le virent, à cette époque, en plein travail,
racontent ses luttes courageuses. Il était ardent au travail ;
dès l'aube, il s'asseyait au chevalet ; on l'y retrouvait au
crépuscule. La foule fut amenée à le considérer comme
un improvisateur fantaisiste. Il ne livrait, au contraire,
rien à la fantaisie et se défendait de l'improvisation péril-
leuse. Il n'est personne qui ait, si régulièrement que lui,
tourné sept fois son pinceau sur sa palette avant de
peindre.

Il demeura, un peu plus tard, rue Guyot, tout près
du parc Monceaux, y continuant ses études, tâtonnant
encore, produisant déjà.

Un groupe se formait autour de lui. Quelques-uns le
devinaient. Il avait des fanatiques, et des jeunes gens
suivaient ce jeune homme. L'Américain Whistler, l'auteur de la *Femme en blanc ;* Alphonse Legros, ce considérable talent qui dut s'exiler en Angleterre, où il occupe
la situation que sa patrie ne lui accorda pas ; Fantin-
Latour, furent les assidus compagnons de l'artiste mal
compris, l'encouragèrent et se rangèrent, dans la bataille, de son côté. Tous ont fait leur chemin depuis,
et brillamment. A peine ose-t-on chicaner leurs audaces,
et, pour l'un des trois au moins, la critique s'est atten-
drie.

Mais, au dehors, des colères grondaient. Il avait
suffi d'une toile exposée pour que les opiniâtres dévots
de la tradition eussent un effarement. Le jury avait
pourtant décerné une mention honorable. Par faiblesse
sans doute. Ah! ça, est-ce qu'on allait s'émanciper,
reproduire des réalités, non des rêves ? Allait-on pré-
tendre que la nature existe, mettre de l'air dans les

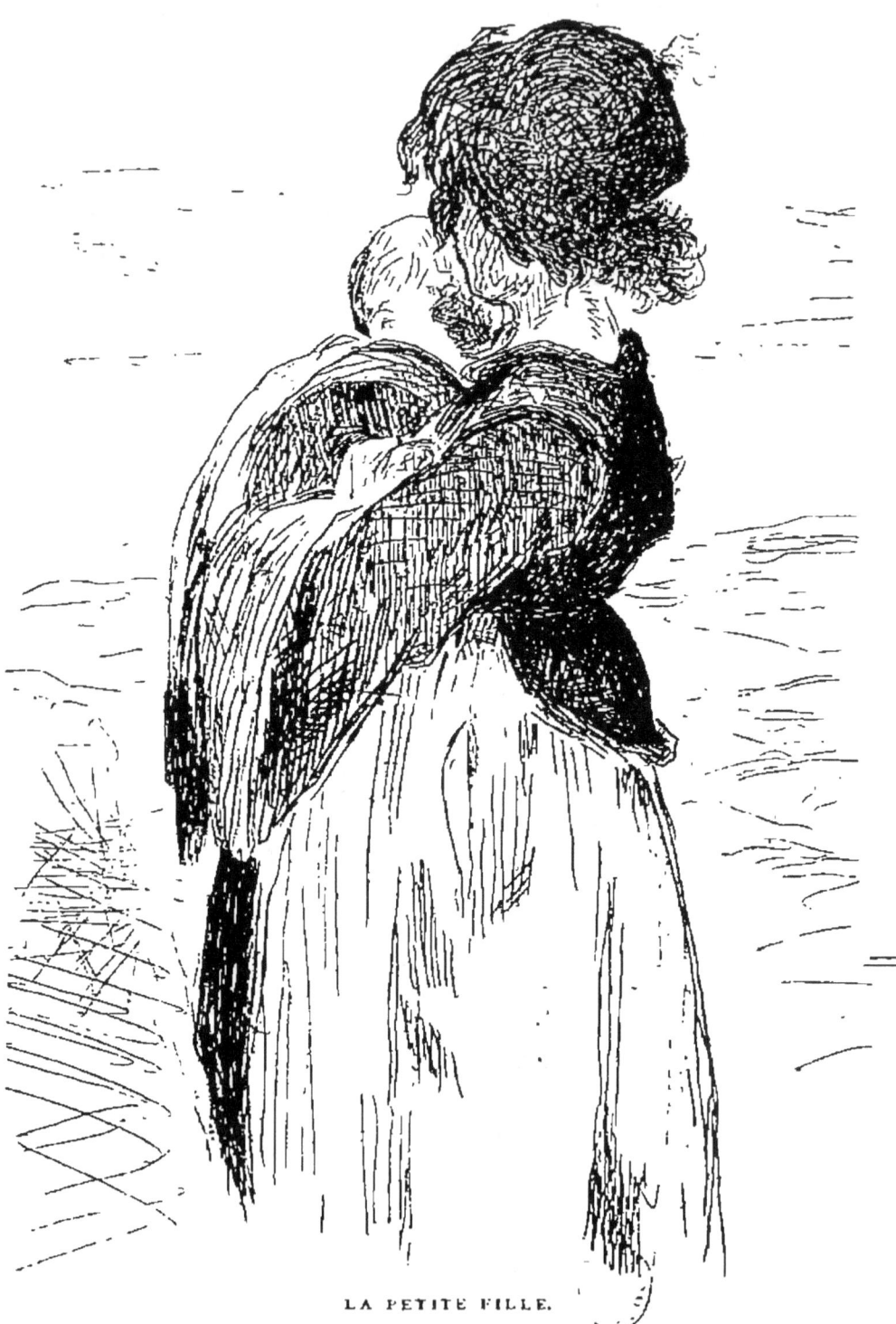

LA PETITE FILLE.

(Eau-forte d'Ed. Manet, d'après un fragment de son tableau le Vieux Musicien.)

paysages, de la couleur dans les plans, et infliger au modèle la simplicité des poses?

Les coteries académiques se révoltèrent et la presse s'émut. Un partisan, il est vrai, se déclara, et ce partisan-là comptait pour cent mille : c'était Eugène Delacroix. Calculez combien il avait à lutter. Il était membre du jury, mais avec qui, ou plutôt contre qui? Ses collègues étaient : Ingres, le seul qui ne fût pas rebelle, en dépit de sa ligne inflexible, aux séductions d'un novateur; Léon Cogniet, Robert Fleury, Hippolyte Flandrin. Et encore, ceux-ci peignaient, pouvaient être partiaux, étaient des ennemis, parce qu'ils pressentaient leur éclipse. Derrière eux, bien pires, les pressant, marchaient les quatre premières sections de l'Académie des Beaux-Arts, et c'est assez dire, car alors, ces sections et cette Académie faisaient plus rarement qu'aujourd'hui des concessions ou, du moins, toutes celles qu'elles purent faire se résument en ceci que, l'an 1862, elles acceptèrent pour juge à leur tribunal cet indépendant : M. Meissonier.

En ce temps-là, M. Meissonier était un pionnier de l'avenir. La photographie était tout récemment inventée.

Chez la jeunesse généreuse, les hostilités ne pouvaient que produire une réaction. Le groupe des amis grossit. Manet devint le chef et l'espoir d'une phalange. Il conquit ses adhérents parmi les peintres, parmi les amateurs, parmi les écrivains. Ceux qui, à cette époque, passèrent pour des excentriques sont classés maintenant parmi les raisonnables et les prévoyants.

V

Entrée dans l'exil.

Pour la première fois, le nom de Manet figura aux catalogues du Salon officiel, en 1861. Le jeune peintre avait envoyé, cette année-là, l'*Espagnol jouant de la guitare* et le *Portrait de M. et de Mme M...*, — lisez : le portrait de M. et de Mme Manet. — Cette dernière toile, si ancienne qu'elle soit, n'est pas oubliée. Elle reparut, au printemps de 1883, à l'Exposition des Portraits du Siècle et frappa la critique par sa sincérité un peu sèche et sa curieuse netteté. Il est loin le temps où M. Léon Lagrange accusait l'auteur de ce morceau de fouler aux pieds des affections saintes et attribuait aux parents choisis pour modèles la pensée de « maudire plus d'une fois le jour qui a mis un pinceau aux mains de ce portraitiste sans entrailles ». Je conviens que l'exécution est, ici, rude encore. Mais le temps a fondu les tons, et ces deux figures simples ont acquis un relief singulier en vieillissant. L'arrangement en est harmonieux, le sentiment en est juste, le dessin ferme, et les fonds sombres où le trait se détache sont gradués avec un tel art qu'ils donnent des effets lumineux.

L'*Espagnol jouant de la guitare* fut moins maltraité. On cria bien au réalisme, — eh ! dame, à cette époque, le réalisme était la bête noire, — pourtant, il y eut, dans le heurt, des appréciations plus ou moins sympathiques, des éloges ardents ; Théophile Gautier écrivit :

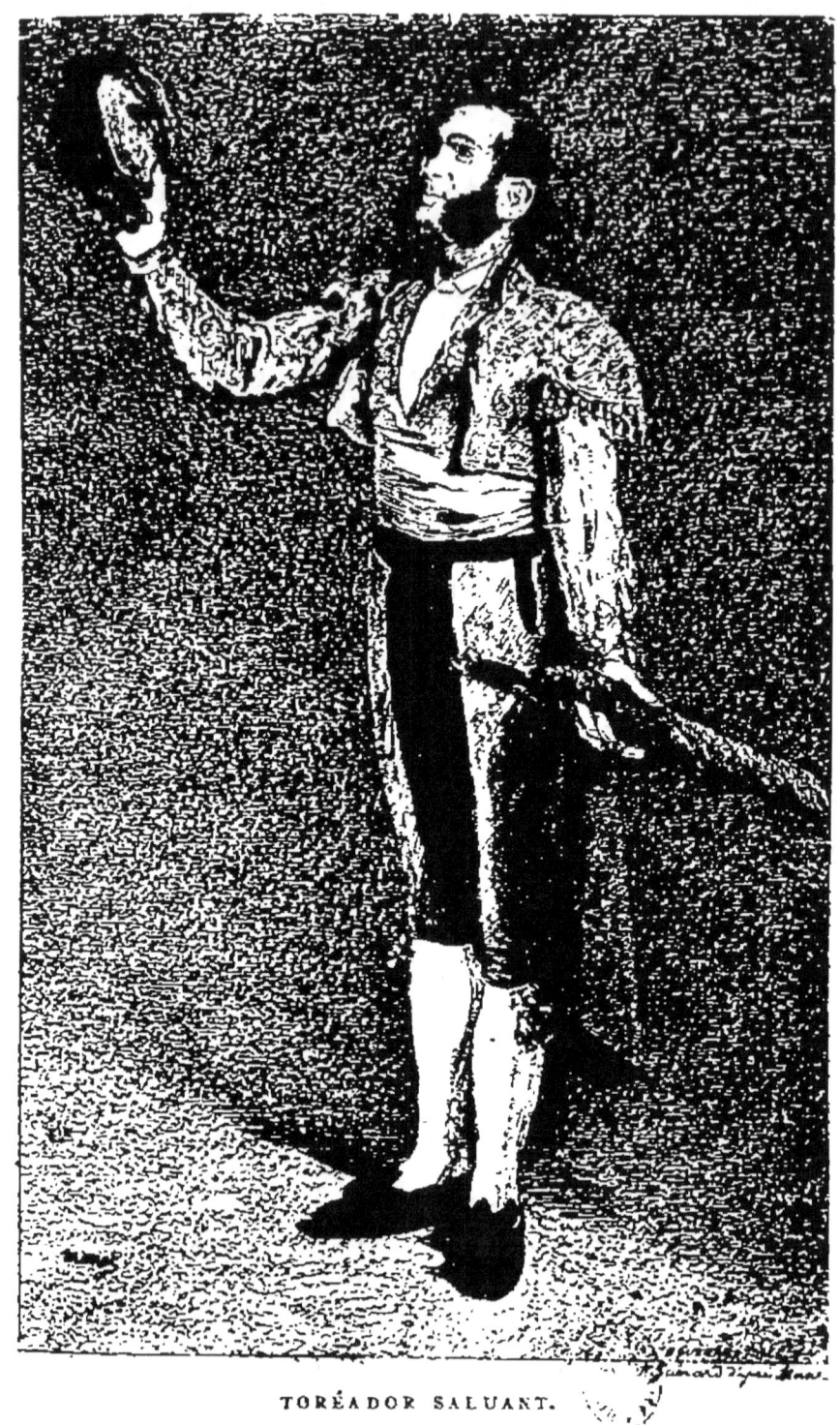

TORÉADOR SALUANT.

(Dessin de Guérard, d'après Ed. Manet.)

« Caramba! voilà un *guitarero* qui ne vient pas de l'Opéra-Comique, et qui ferait mauvaise figure sur une lithographie de romance; mais Velazquez le saluerait d'un petit clignement d'œil amical, et Goya lui descendrait du feu pour allumer son papelito. — Comme il braille de bon courage, en raclant le jambon! — Il nous semble l'entendre. — Ce brave Espagnol au sombrero calañés, à la veste marseillaise, a un pantalon. Hélas! la culotte courte de Figaro n'est plus portée que par les espadas et les bandcrilleros. Mais cette concession aux modes civilisées, les alpargates la rachètent. Il y a beaucoup de talent dans cette figure de grandeur naturelle, peinte en pleine pâte, d'une brosse vaillante et d'une couleur très vraie [1]. »

Mais, en même temps que le poète rendait cet hommage, que de violences se déchaînèrent!

Le jury pourtant daigna s'apercevoir de la valeur des tableaux exposés, et la première récompense qu'obtint Manet lui fut décernée cette année-là. Une mention honorable prouva qu'on avait regardé sans trop d'amertume. C'était l'encouragement qui n'engage pas ceux qui le donnent.

Les deux années qui suivirent ce succès furent une consolation pour les partisans des traditions et les élèves de l'Institut. Manet ne fut plus récompensé. Bien mieux, il ne fut pas admis, et des cris d'horreur furent poussés, des mains furent levées au ciel; il y eut des imprécations devant les audaces qu'il soumit à la commission d'examen.

Pensez donc! Il s'agissait du *Fifre de la garde,* ce

---

1. *Moniteur universel* du 3 juillet 1861.

crâne gamin si crânement peint, vivant et gai, se déta-
chant du fond noir, comme s'il s'apprêtait à en sortir. Il
y avait assurément lieu de se mettre en colère contre une
pareille indépendance. Il s'agissait encore du *Déjeuner sur l'herbe*, où je ne sais quels fanatiques de la
gaudriole bête cherchèrent des intentions d'indécence,
quand l'artiste n'avait songé qu'à étudier le nu en plein
paysage.

Alors s'ouvrit l'exposition des refusés, dans le même
palais que l'exposition des acceptés. On passait, par un
guichet mitoyen, de l'une dans l'autre, et l'on éprouvait
une surprise profonde à la liste des signatures qui s'y
pressaient. Ce fut un rude coup porté par les proscrits
aux proscripteurs. La critique le constata. « On entre en
souriant dans le salon annexe, racontait M. de Cupidon,
— *alias* Charles Monselet. — On en sort grave, inquiet,
troublé... »

Manet fut un des artistes que l'on remarqua, et
cependant il n'était certes pas escorté des premiers venus.
Autour de lui étaient groupés Lavieille, Bracquemond,
A. Legros, Jongkind, Whistler, Harpignies, Lemarié,
Planet, Saint-Marcel, Sutter. Le *Déjeuner sur l'herbe* et
le *Bain* y furent fort admirés, et les visiteurs éclairés
payèrent à ces œuvres le tribut que l'Académie leur
marchandait. L'émotion fut très vive et gagna jusqu'aux Tuileries. Napoléon III et sa femme firent une
démonstration qui scandalisa, en affrontant cet antre
de révolutionnaires, ou plutôt — pour la plupart — de
révoltés. La foule engouée des moutons de Panurge
marcha derrière les majestés curieuses, et l'affluence ne
s'arrêta pas, ne diminua pas, durant plusieurs semaines.

Manet comptait pour beaucoup dans cet empresse-

ment. Il en était le principal objectif, et — faut-il l'ajouter? — si un groupe de délicats l'appréciait, la majorité
des badauds, heureuse de faire chorus avec de gros personnages, l'assaillit de ses quolibets. Pour le monde de
cette époque superficielle, l'énergie et l'audace prêtaient
à rire, et une individualité se révélant ne pouvait qu'être
le point de mire désigné des sarcasmes de la bonne com-
pagnie.

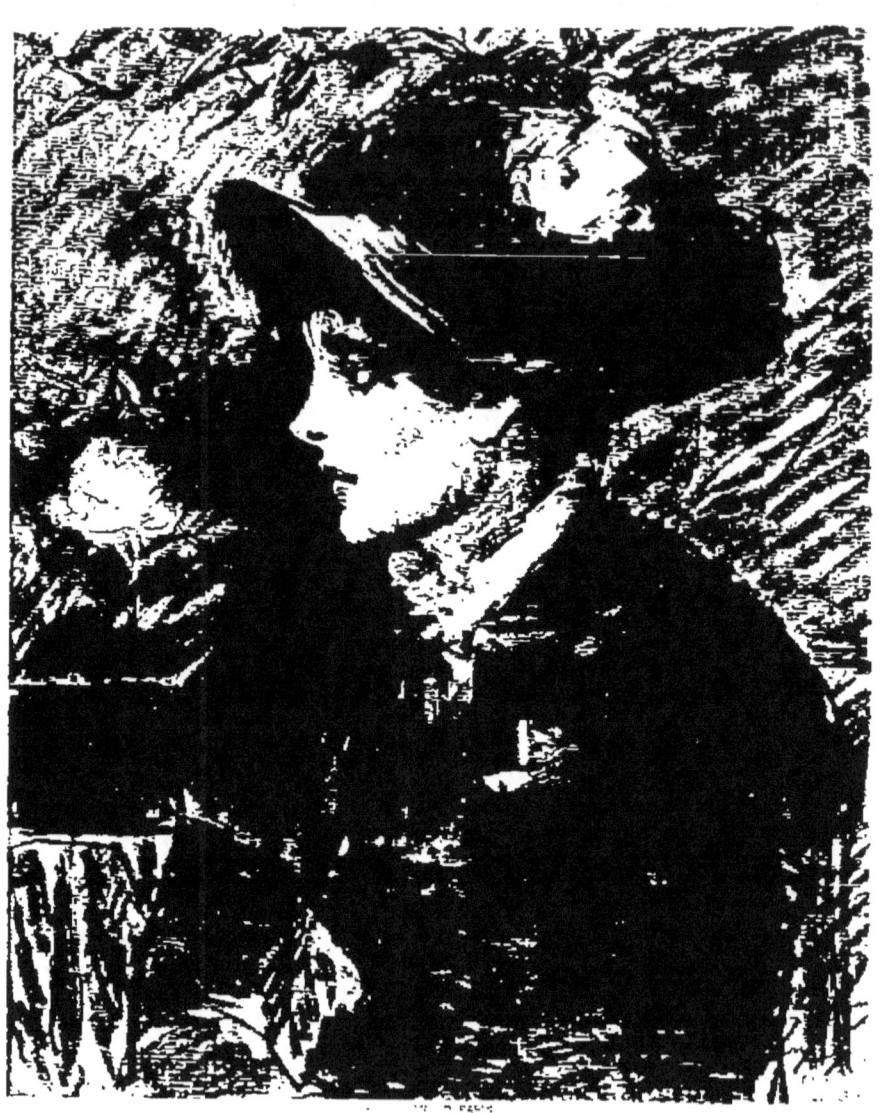

SUR LE BANC

D'après le pastel de Manet

VI

Intimités.

Manet avait alors trente ans. Il était entré dans la pleine lutte. Sûr de lui, dévoué à ses convictions, affrontant les critiques, il s'en allait tout droit dans la ligne qu'il s'était tracée. Il possédait, non la consécration, mais la célébrité. Son nom suscitait des polémiques. Spirituel, il distribuait son esprit à tout venant. Cela ne suffisait pas : on lui prêtait des mots. Charmant avec cela. Vainement ses ennemis essayaient-ils de faire de lui un rapin hirsute, aux habits tachés de couleurs et d'huile, dégingandé, mal-appris ou mal élevé. Tout au contraire, il aimait l'élégance, fréquentait le monde, charmait par la distinction de ses manières et la finesse de son langage. Il avait, d'ailleurs, l'abord le plus sympathique : d'une taille élancée, il portait bien la tête, qu'une barbe blonde, très soignée, encadrait. Le teint était rosé, et le visage régulier s'égayait à la vivacité de ses yeux et au sourire quelque peu moqueur de ses lèvres; on eût eu de la peine à rencontrer un homme plus séduisant que ce monstre.

Il se maria. Sa femme, d'origine hollandaise, fille d'un musicien de talent, sœur d'un sculpteur remarqué, pianiste très brillante elle-même, apporta à la communauté un cœur excellent, une affection sans bornes et un goût raffiné. C'était précieux. En cette vie de labeurs et de batailles, un auxiliaire qui conseille, soutient, encourage, est rare. Etre réconforté dans les abattements qui, de toutes parts, vous assaillent, par une compagne vaillante et bonne, quelle force! Quand de l'extérieur des voix railleuses et méchantes crient : « Arrête! », entendre auprès de soi la caressante parole de la fidèle amie qui vous dit : « Persévère! » — Tout est là. Et cette amie Manet la trouva ; et lorsque, parfois, indécis, hésitant, il se demandait s'il ne faisait pas fausse route, s'il ne vaudrait pas mieux se réfugier dans la tourbe vulgaire que le public salue tout de suite, il était détourné de la tentation par cet esprit qui comprenait sa valeur, devinait sa destinée et voulait sa gloire.

Il avait près de lui aussi un enfant, le second frère de Mme Manet, Léon Koella-Leenhoff, qu'il éleva et qu'il considérait paternellement ; il en fit un homme de cœur, un caractère et une intelligence, et de ce parent qu'il s'était donné il reçut tous les témoignages de la tendresse filiale. Entre sa femme et ce fils, — c'était un fils que ce beau-frère, — il était protégé contre les désolations et les accablements.

Car ce téméraire eut ses timidités. La fameuse *Olympia* en fut une preuve concluante, et, si Manet eût été isolé, s'il eût obéi à ses seules préoccupations, très probablement elle ne serait pas encore — elle n'eût jamais été — livrée à cet ogre : la foule.

C'est l'année de son mariage qu'il conçut cette œuvre et qu'il l'exécuta. Toutefois, il ne l'exposa qu'en 1865. C'est que, malgré l'encouragement de son intimité, il se sentait troublé. Avoir osé représenter, en dehors des conventions, une fille nue, sur un lit, avec ces accessoires : une négresse offrant un bouquet et un chat noir faisant le gros dos ; avoir peint la vie réelle, un corps vivant de

fille fardée, d'après le modèle étendu sous son regard et
non d'après la tradition grecque ou romaine ; s'être inspiré
de ce qu'il voyait et non de ce que les professeurs ensei-
gnent, — c'était si grave que lui-même reculait. Il fut

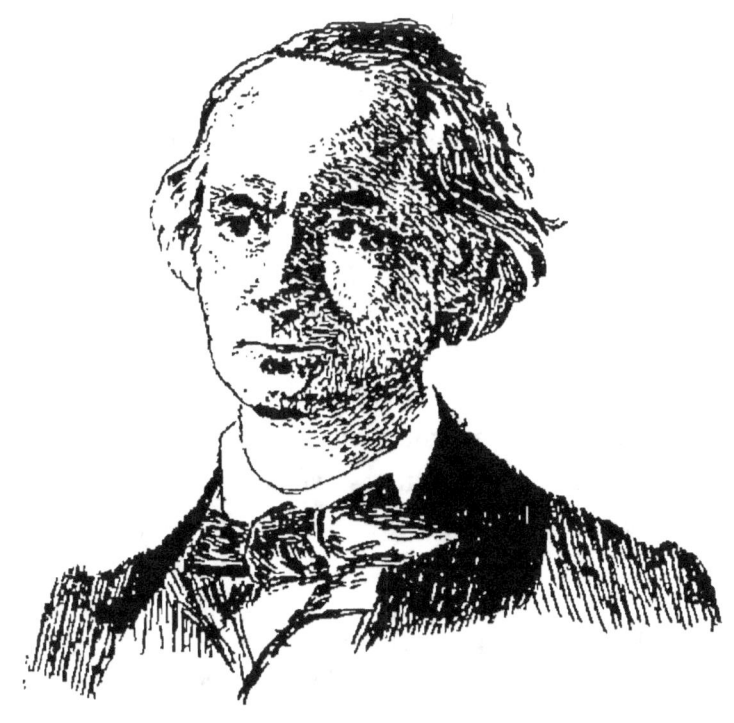

PORTRAIT DE BAUDELAIRE.
(Eau-forte d'Ed. Manet.)

nécessaire qu'une influence pesât sur lui, et cette influence
à laquelle il ne résista pas, ce fut celle de Baudelaire.
Le poète consulté insista, — parla, correspondit, et j'ai
copié dans une lettre du ciseleur merveilleux cette bou-
tade :

« Il faut donc que je vous parle encore de vous. Il
faut que je m'applique à vous démontrer ce que vous

valez. C'est vraiment bête, ce que vous exigez. *On se moque de vous. Les plaisanteries vous agacent. On ne sait pas vous rendre justice,* etc., etc. — Croyez-vous que vous soyez le premier homme placé dans ce cas? Avez-vous plus de génie que Chateaubriand ou que Wagner? On s'est bien moqué d'eux, cependant. Ils n'en sont pas morts. — Et, pour ne pas vous inspirer trop d'orgueil, je vous dirai que les hommes sont des modèles, chacun dans son genre et dans un monde très riche, et que vous, vous n'êtes que *le premier dans la décrépitude de votre art.* »

Que répliquer à ces arguments? Rien. Manet céda et exposa, et il y eut des grincements de dents, des menaces de coups et des tentatives de massacre, lorsque parut, dans le Salon gourmé, cette toile sincère, d'une ligne si sûre et d'une carnation si véridique, au-dessous de laquelle un rimeur bien intentionné avait inscrit ces vers :

Quand, lasse de songer, Olympia s'éveille,
Le printemps entre au bras du doux messager noir;
C'est l'esclave à la nuit amoureuse pareille
Qui vient fleurir le jour délicieux à voir :
L'auguste jeune fille en qui la flamme veille.

Ah! dame, on ne m'a jamais conté que Baudelaire eût recommandé cette épigraphe.

Mais Olympia était destinée à bien d'autres assauts.

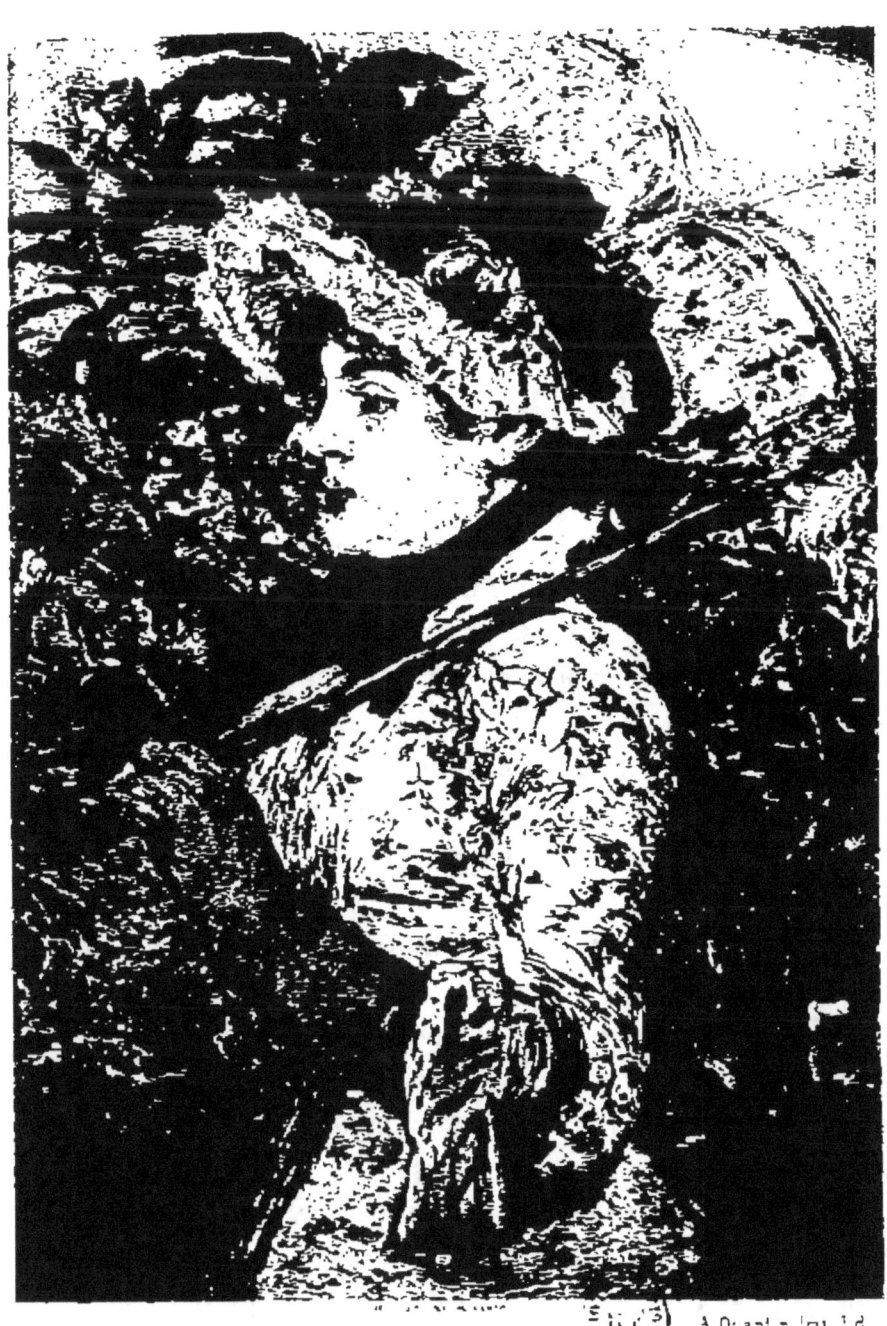

A Quant.— Imp. Pd.

JEANNE

d'après le tableau de N'anou

VII

L'École des Batignolles.

J'ai montré, dans un chapitre précédent, le petit
groupe se formant auprès de l'artiste si ardemment vili-
pendé. Lentement, ce petit groupe devenait gros, faisait
des recrues — ou plutôt les attirait. Le novateur gagnait
des partisans. Les jeunes venaient au jeune. Et quand je
dis les jeunes, j'entends les esprits restés jeunes, en ce
temps vieillot, et surtout les esprits aspirant à des rajeu-
nissements. On vivait tellement sur le passé, on se repo-
sait à ce point sur les traditions ! L'idée devait venir à
quelques-uns de vivre avec le présent, de s'apercevoir de
leur milieu, et de marquer par des observations l'âge
qu'ils traversaient. Il faut tenir compte de ceci : les siècles
qui s'inspirent des siècles antérieurs passent, s'effacent,
s'oublient, simples numéros inscrits aux portes de l'éter-
nité. Seuls surnagent et demeurent les siècles qu'une
audace ou une création grandit. Sans doute, tous
ont travaillé. Les périodes d'incubation sont obscures.
L'heure de la délivrance est illustre.

Ah ! vous souriez de ces mots énormes. Que de
phrases pour un peintre original ! Peut-être. — Pour
moi, je crois qu'une note nouvelle, dans l'immense concert de l'art, mérite d'être saluée par de résonnantes fan-
fares.

Ce fut l'avis des fervents qui se réunirent autour de
Manet dès ses premières manifestations. Ils étaient une
douzaine. On voit que les trois que j'ai cités avaient eu
des imitateurs. A Legros, Whistler, Fantin-Latour
s'étaient joints des écrivains : Babou, Vignaux, Duranty, Zola ; un graveur : Belot, immortalisé depuis par
le Bon Bock ; un autre graveur : Desboutins, qui fut
aussi un peintre et un modèle, et qui s'est fait une large
place parmi ses contemporains, non comme modèle,
mais comme peintre et comme graveur ; un paysagiste
délicat : Guillemet ; un orientaliste : Tabar ; un univer-
saliste : Zacharie Astruc, qui emploie avec une égale
passion le pinceau, la massette et la plume. Au fait,
vous le connaissez. Le cartouche qui accompagne Olympia et dont j'ai reproduit le contenu est de lui, ainsi
que maint tableau, et maint bronze, et maint plâtre, sans
compter des comédies, et des drames, et des mémoires.
A la longue, des noms nouveaux s'ajouteront : Degas,
Renoir, Monet, Pissaro.

Le lieu de réunion choisi fut un café des Batignolles,
le café Guerbois.

De là le nom d'école des Batignolles donné à l'élite
qui en avait fait son centre. Deux fois par semaine, on
s'y retrouvait. Il y avait des irréguliers : tantôt celui-
ci, tantôt celui-là. Monginot y faisait des apparitions.
Burty s'y asseyait. Un soir, c'était Antonin Proust ; un
soir, c'était Henri d'Ideville. Henner vint quelquefois,
Stevens plus souvent.

Ce café existe toujours. Seulement le Guerbois d'alors
est aujourd'hui rentier, et c'est son fils qui dirige la
maison, à l'entrée de l'avenue de Clichy, à deux pas du
Père Lathuille.

Les clients de l'école buvaient peu. Ils causaient beaucoup. On discutait des expositions récentes ; on s'occupait des talents naissants ; on pensait surtout aux œuvres

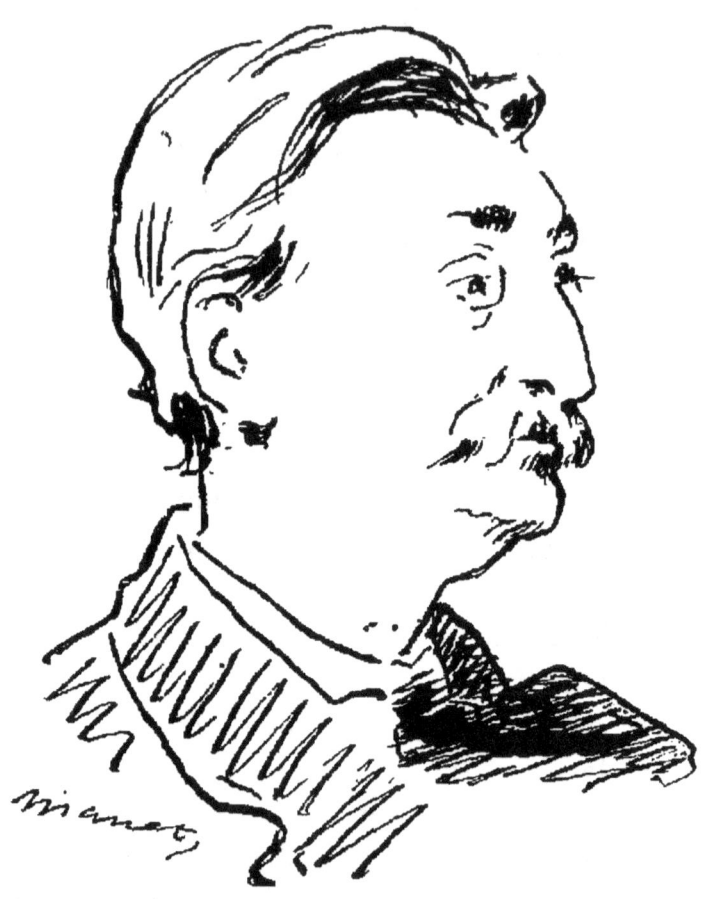

PORTRAIT DE M. VIGNAUX, PAR ÉD. MANET.

à exécuter, et les mesquineries, les jalousies, les petits épluchages envieux ne trouvaient point de place en ces conversations. C'étaient des artistes s'entretenant des arts. Il y avait des programmes très complets exposés et développés. Où est le beau ? Tel était le problème. Et les débats s'engageaient, ardents, enflammés, entre les chercheurs qu'une même pensée animait et soutenait. De temps en temps une épigramme sifflait : c'était le plus rare.

Un jour, pourtant, une querelle éclata. Duranty, en proie à je ne sais quel sentiment, avait, dans un article de journal, témoigné d'une étrange mauvaise humeur; il avait attaqué Manet violemment, brutalement. Quoi ! Duranty ! L'ami jusque-là fidèle, pour qui aucun sacrifice n'eût paru lourd ! Duranty ! l'assidu visiteur de l'atelier. C'était invraisemblable et cruel. Manet, qui, très patiemment, recevait les attaques passionnées de la compacte armée des ennemis, fut blessé au vif, souffrit, s'indigna, et, entrant dans le cercle, alla droit à l'écrivain malveillant, lui jeta à la figure sa colère, et le souffleta.

On eût voulu arrêter l'affaire. On le tenta inutilement. Les témoins s'abouchèrent et un duel fut décidé. Le procès-verbal qui fut dressé vous en dira la vivacité :

Une rencontre à l'épée a eu lieu aujourd'hui, 23 février 1870, dans la forêt de Saint-Germain, vers onze heures du matin, entre MM. Manet et Duranty.

Un seul et unique engagement a eu lieu, d'une violence telle que les deux épées ont été faussées.

M. Duranty a été blessé au-dessus du sein droit, d'une façon légère, l'épée de son adversaire ayant glissé sur une côte.

Devant cette blessure, les témoins ont déclaré que l'honneur était satisfait et qu'il n'y avait pas lieu de continuer le combat.

En foi de quoi, nous avons signé le présent procès-verbal :

Paris, 23 février 1870.

Les témoins de M. Manet :

ÉMILE ZOLA.

H. VIGNAUX.

Les témoins de M. Duranty :

E. SCHNERB.

PAUL LAFARGE.

Cet incident dramatique n'eut point de conséquences

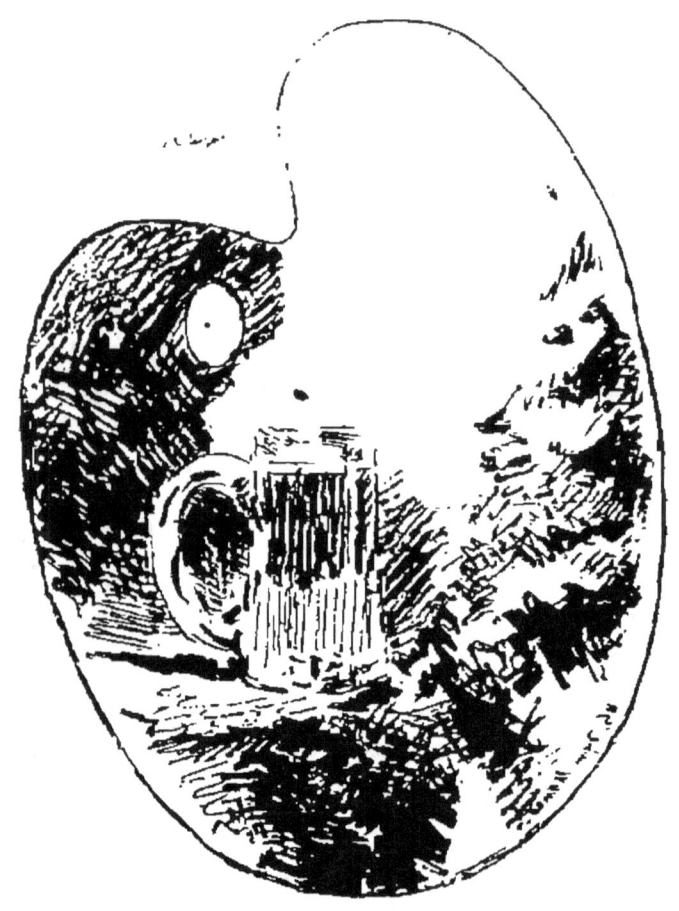

lointaines, et, quelque acharnée qu'eût été la bataille, on ne s'en souvint plus, quand elle fut terminée. La réconciliation se fit, l'amitié s'en consolida même jusqu'à la mort. Duranty témoigna d'une affection tendre et profonde pour son ancien adversaire, qui, de son côté, s'employa à lui prouver son dévouement.

La lettre que voici ne le démontre-t-elle pas avec une éloquence émue ?

11 janvier 1874.

Mon cher ami, quelle que soit l'issue de l'affaire avec F..., j'ai à vous dire combien je suis touché de l'affectueuse sollicitude que vous me témoignez et des efforts qu'en toute occasion je vous vois vous ingénier à faire en ma faveur. Non seulement vous avez un grand talent, mais vous y joignez de belles et hautes qualités privées. Je ne connais pas d'esprit plus large et généreux que le vôtre. A défaut de preuves et de démonstrations plus marquées de ma part, je désire que vous sachiez que je m'aperçois de l'amitié et de l'intérêt qu'on me porte, et que j'en garde une véritable reconnaissance, qui trouvera un jour ou l'autre, je l'espère, une occasion de se manifester.

Bien à vous,
DURANTY.

N'est-il pas vrai qu'elles sont exquises et touchantes, ces deux natures que relie une telle correspondance? Avec quel emportement elles se battent ! mais avec quelle douceur elles s'entendent!

Ce fut l'unique événement qui émut l'école des Batignolles. D'ailleurs la guerre approchait, causant une involontaire dispersion. La paix conclue, on se retrouva toujours, mais sans régularité. Les liens n'étaient pas rompus ; seulement le cercle était dissous.

VIII

Galerie Martinet.

La rancune académique durait ; les refus opiniâtres et systématiques le prouvèrent. 1863 ressembla à 1862. Les envois de Manet furent, cette année-là comme cette année-ci, dédaignés. Il ne s'ensuivit pas que le public ne pût les juger. Précisément un homme de goût, passionné pour les arts, M. Martinet, avait institué, boulevard des Italiens, dans la maison où se sont succédé depuis diverses entreprises théâtrales, une exposition, espèce de préface au Salon officiel. Exposition éclectique, sans parti pris, où figuraient toutes les écoles, les audacieuses aussi bien que les routinières.

Manet y était représenté par plusieurs œuvres ; quelques-unes anciennes, quelques-unes nouvelles. On y vit pour la première fois le *Ballet espagnol,* cette toile vivante, dorée, d'un brio si enlevant et si enlevé ; la *Musique aux Tuileries,* page curieuse où une époque se concentre, avec ses coutumes, ses modes, ses tendances, et qui contient même des physionomies faciles à saisir : Baudelaire, Théophile Gautier, le peintre lui-même, se reconnaissent dans cette foule compacte et remuante, qui s'agite sous les arbres grêles, sans monotonie. De vivants épisodes tranchent sur l'ensemble, tels que celui de la mère et de l'enfant, — une merveille de raccourci. — Des groupes s'en détachent, et pourtant s'y fondent, et participent à l'harmonie générale. L'événement, ce fut *Lola de Valence,* la fameuse Lola, tant décriée, tant attaquée, qui eut ce tort considérable d'être la reproduction sincère, le portrait, en somme, très réel, très frappant, d'une femme élégamment construite ; ses formes ne se perdent pas dans l'arrangement lourd et local du costume, et bref, elle a l'air d'une *Espagnole* qui danse, par cette raison simple et primitive qu'elle est Espagnole et danseuse. Le modèle faisait, en effet, partie d'une troupe transpyrénéenne qui, l'hiver précédent, avait couru et fait courir Paris.

Baudelaire, que souvent on retrouvera aux côtés de Manet, avait fait pour ce tableau retentissant ce quatrain coloré :

> Entre tant de beautés que partout on peut voir,
> Je comprends bien, amis, que le désir balance ;
> Mais on voit scintiller dans Lola de Valence
> Le charme inattendu d'un bijou rose et noir.

La critique ne fut pas si violente qu'on s'y pouvait attendre. Elle s'effaroucha, baissa les yeux, eut des pudeurs, mais elle n'insulta pas. M. Paul Mantz, qui fut centre gauche en art, donna une note qui est en même temps une moyenne. Dans la *Chanteuse,* d'une pose naturelle, fortement tracée, hardiment peinte, il déclara ne distinguer « que la lutte criarde de tons plâtreux avec des tons noirs », et un « effet blafard, dur, sinistre ». L'ensemble lui apparut comme un « bariolage rouge, bleu, jaune et noir », et « la caricature de la couleur ». Il est vrai qu'il rendit hommage à la loyauté de l'artiste ; seulement il ajouta avec ingénuité qu'il ne se char-

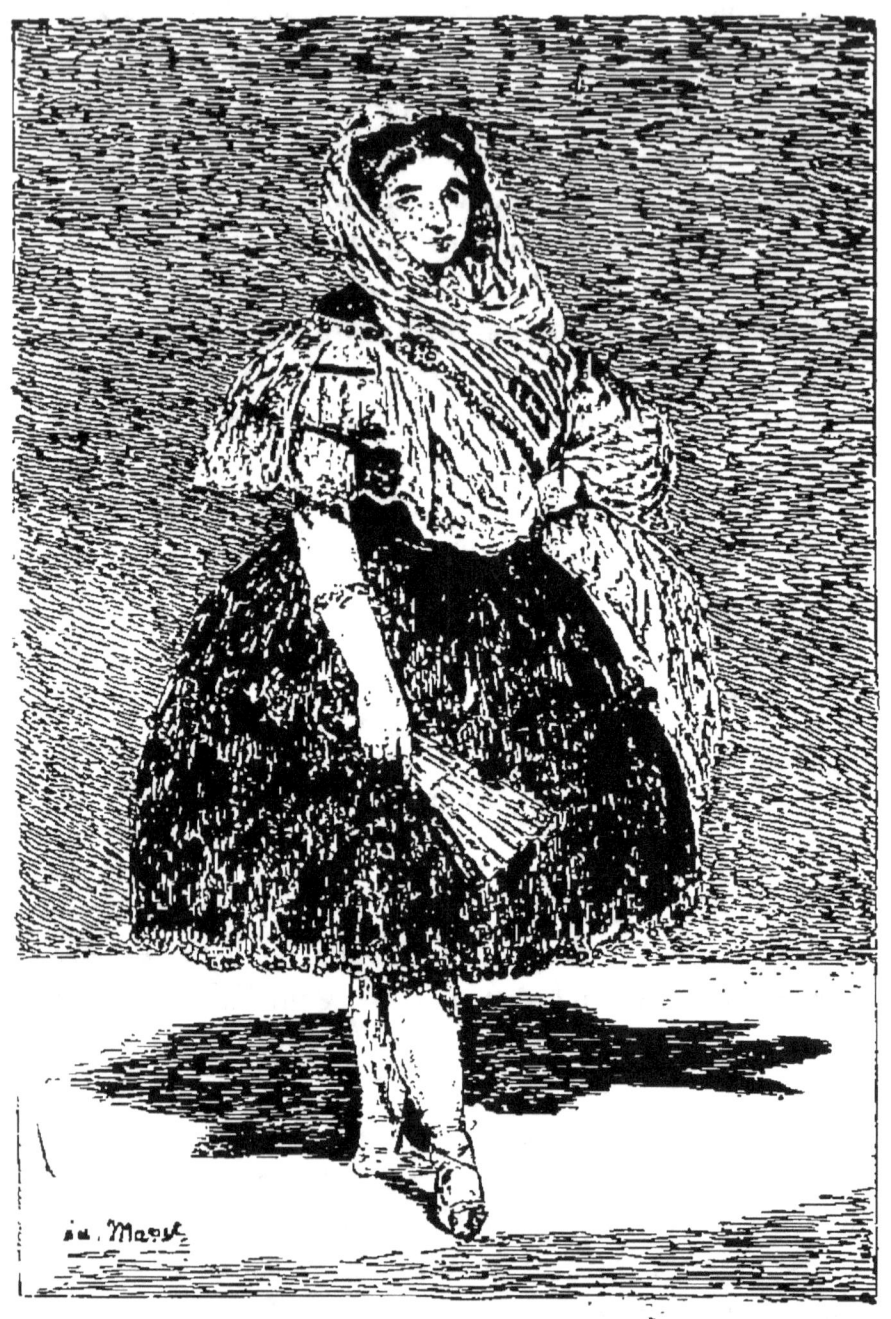

LOLA DE VALENCE.

(Eau-forte d'Éd. Manet, d'après son tableau.)

gerait nullement de plaider sa cause[1]. C'est le bourreau disant à la tête coupée : « Ah! tu sais, inutile désormais de compter sur moi. »

Du reste, M. Paul Mantz, je le répète, était un modéré.

Les déchaînés, les fanatiques, les enragés se réservaient.

1. *Gazette des Beaux-Arts* du 1er avril 1863.

IX

Les Critiques.

L'*Épisode d'un combat de taureaux* et les *Anges au tombeau du Christ* commencèrent à soulever les indignations. Les *Anges au tombeau du Christ* ne méritaient guère ce déchaînement, et il fallait que le programme fût singulièrement arrêté pour que ce morceau sobre, sans recherche de l'éclat, d'un dessin ferme et large, tout en restant dans la correction scrupuleuse, ne trouvât pas grâce devant la sévérité des aréopages littéraires. M. Edmond About s'écria : « C'est un pétard mouillé ! » Il affirma que le peintre finirait par « exaspérer les bourgeois ». Et il fournit l'exemple de l'exaspération. M. Léon Lagrange essaya d'être piquant. M. Gautier fils — ne confondons pas ! — se voila la face. Les caricaturistes inaugurèrent leurs plaisanteries. Bertall, l'ennemi persistant de tout créateur, s'unit à Cham et à Randon. Le *Tintamarre,* qui est pour l'art élevé, haussa les épaules. Mais le plus irrité fut le *Charivari.* Ce journal occupe une place distinguée parmi les détracteurs impitoyables de Manet. On lui doit cette justice qu'il ne varia jamais : ses insultes sont les mêmes aujourd'hui qu'il y a vingt ans. Le signataire même n'a pas changé : c'est un vieux monsieur, vieux déjà en naissant, fermé à tout essor, ennemi désordonné de tout ce qui dépasse Pierre Véron. Ce vieillard prématuré inventa une forme de lazzis dialogués, et depuis vingt ans lance sur le pauvre monde des clous à sabot qu'il s'imagine être des pointes : il s'appelle Louis Leroy, et ne jure que par le nez de ses pères ! Nez de mes pères ! ça vous renseigne tout de suite sur une originalité.

Et voilà comment un talent puissant peut être interrompu dans son expansion, ralenti dans son élan, s'il n'a en lui la force qui brave les piqûres de la moquerie et les petites satires manquées des retardataires. Il en est qui renoncèrent parce qu'ils n'étaient pas compris. Quelle vaillance est nécessaire, quelle foi en soi-même, pour résister aux aboiements mauvais de ces meutes !

On a travaillé. On est consciencieux. L'œuvre repose sur de longues méditations et sur une connaissance approfondie de l'art et du métier. Bah ! un jappement monte. D'autres jappements s'y mêlent, et le découragement arrive.

Manet ne fut pas loin d'essuyer des railleries d'un autre genre. Songez qu'il avait indiqué la blessure du Christ au côté gauche. Quelle hérésie ! Il allait soulever contre lui non seulement la critique, mais l'Église ; M. Louis Leroy allait avoir cet allié : l'archevêque. Par bonheur, Baudelaire veillait, et je coupe dans une de ses lettres ce renseignement qui sauva son ami d'un si terrible danger :

« A propos, il paraît que le coup de lance a été porté à droite. Il faudra donc que vous alliez changer la blessure de place, avant l'ouverture. Vérifiez donc la chose dans les quatre évangélistes. Et prenez garde de prêter à rire aux malveillants ! »

Manet répara l'erreur, et l'anathème fut évité. Mais les malveillants gardèrent leur malveillance.

C'est surtout contre l'*Épisode d'un combat de taureaux* qu'ils s'exercèrent. Et avec une telle âpreté que
Manet, frappé, céda. Il découpa son œuvre, en sacrifia
la plus grande partie, et de cet *Épisode* ne conserva
qu'un épisode. Voici comment un contemporain le décri-
vait : « Un taureau microscopique se tient debout,
étonné, au milieu d'une arène de sable jaune. Au premier plan, un toréador est étendu dans une pose oblique ;
au troisième plan, d'autres toréadors détachent leurs
corps contre la barrière qui clôt l'enceinte. »

Nous ne pouvons juger, nous autres, des mérites et
des défauts de l'ensemble. Il n'en subsiste plus que le
toréador du premier plan, étendu dans une pose oblique,
connu aujourd'hui sous le nom de l'*Homme mort,* un
admirable morceau, d'une vigueur extraordinaire, où la
main d'un maître se révèle.

X

Olympia crucifiée.

Pour *Olympia*, ce fut bien pis. L'admiration de
Baudelaire ne gagna pas le public. Plus que jamais,
l'hostilité entêtée se manifesta, se répandit, s'insinua,
jusqu'à recruter des cabaleurs : on vint par troupes, en
armes. On rit, on hurla, on menaça. Contre cette beauté
au réveil, des cannes se dressèrent et des parapluie
furent brandis. Il se forma des attroupements que l'armée
ne dispersa point. L'administration, terrifiée, se crut
obligée de la faire garder par deux surveillants galonnés.
Et cela ne suffit pas. Au remaniement traditionnel, elle
plaça la nudité — que l'on ne saurait voir — à des
hauteurs incommensurables, où elle défiait à la fois
les fureurs et les regards. Qu'était donc cette *Olympia*
scandaleuse qui effara le bon Théo lui-même? J'ai di
en deux lignes ce que je pensais de cette remarquable et
loyale exécution, qui raconte la nature sans la traduire
ni la trahir. Reste à en faire la description :

Une jeune fille se repose sur un lit, recouverte d'une
étoffe orientale négligemment jetée. Les oreillers sur
lesquels elle appuie le coude relèvent son buste. Sa tête,
ainsi redressée, regarde de face, nonchalamment. Elle
porte, pour tout ornement et tout costume, une fleur

rouge au chignon, un lacet noir au cou, une sandale au pied.

Une négresse, dans l'ombre, — et plus noire que l'ombre — lui présente un bouquet aux couleurs vives, enveloppé d'un papier blanc, et, sur le bas de la couche, un chat noir, dont les yeux étincellent, fait le gros dos.

Ce que cette jeune fille, cette négresse, ce chat furent insultés et raillés, c'est inimaginable. Les épithètes les plus grossières et les plus ridicules leur furent accolées. Aux yeux des pontifes, c'était une profanation; aux yeux des farceurs, c'était une matière intarissable à calembours et à calembredaines; et le gros des visiteurs, qui n'a pas d'opinion propre et qui s'inspire bêtement de la bêtise de ses guides, fit chorus avec les farceurs et avec les pontifes. Il y eut apaisement lorsque le déplacement s'opéra. Au plafond, ce voisinage ne gênait plus. Il est vrai qu'être au plafond ou dehors, pour l'exposant, c'est identique.

Jésus insulté, qui accompagnait *Olympia* au Salon des Champs-Élysées, ne fut pas moins maltraité. C'était un entraînement. Ce Jésus, qui souffre vraiment entre des soldats bourreaux, et qui est un homme au lieu d'être un dieu, ne pouvait non plus être accepté : il n'y a pas longtemps que ces libertés sont permises. En 1865, on taxait cette interprétation d' « excentricité blessante ». L'idéalisme régnait en maître presque absolu, et manquer à l'idéalisme, au religiosisme, au christianisme, équivalait à manquer aux règles les plus sacrées. L'éducation était incomplète. On était fanatique du joli, et, de la victime aux flagellateurs, on eût voulu que tous les personnages eussent des figures séduisantes. Il existe et il existera toujours une école pour qui la nature a besoin

d'être pomponnée et qui n'admet l'art qu'à la condition qu'il mente. Cette doctrine florissait alors ; l'empire
avait des goûts d'idéal et détestait qu'on vît les choses
telles qu'elles sont. Paul de Saint-Victor lui-même,
l'éblouissant ciseleur de phrases, répétait, — je souffre de
le dire, — en considérant le *Jésus* et l'*Olympia*, ce vers
de Virgile au Dante :

Non ragionam' di lor', ma guardi e passa.

Trente ans avant, c'était Delacroix qu'accablaient de
tels outrages ; cinquante ans avant, c'était Géricault ;
dix-sept cent soixante-cinq ans avant, c'était le Jésus lui-
même, le Jésus de Manet. Cela console.

XI

Un allié.

Par quelle étrange fantaisie le jury refusa-t-il le *Joueur de fifre* et l'*Acteur tragique?* Était-ce avec le désir de faire sa cour à la critique passionnément bourgeoise qu'*Olympia* avait mise hors d'elle-même et à qui le souvenir du *Christ insulté* donnait des attaques de nerfs? Était-ce par rancune contre ce peintre qui persistait à ne se point enrôler dans la cohue vulgaire? On peut chercher une explication partout, excepté du côté de la bonne foi. Il n'est personne qui, devant le *Joueur de fifre,* comprenne son expulsion, même en se plaçant au point de vue étroit des arbitres. L'*Acteur tragique,* plus hardi dans la conception et dans la pose, est toutefois un portrait simple, — celui du célèbre tragédien Rouvière, — d'où se dégage une impression profonde. N'importe! On ne voulut voir que la signature. La signature, c'était le défaut capital, souvent unique, des tableaux de Manet. L'accuser de parti pris fut la mode longtemps. Je trouve bien plutôt le parti pris en ses ennemis.

Tout naturellement, la décision du jury fut accueillie sans murmure. Il y eut des sourires satisfaits. A la bonne heure! On revenait aux sains principes. La foule applaudit presque, et les bons journaux, honnêtes et modérés serviteurs de l'art, se gardèrent de récriminer.

Un seul écrivain protesta, et ne craignit pas de s'ex-

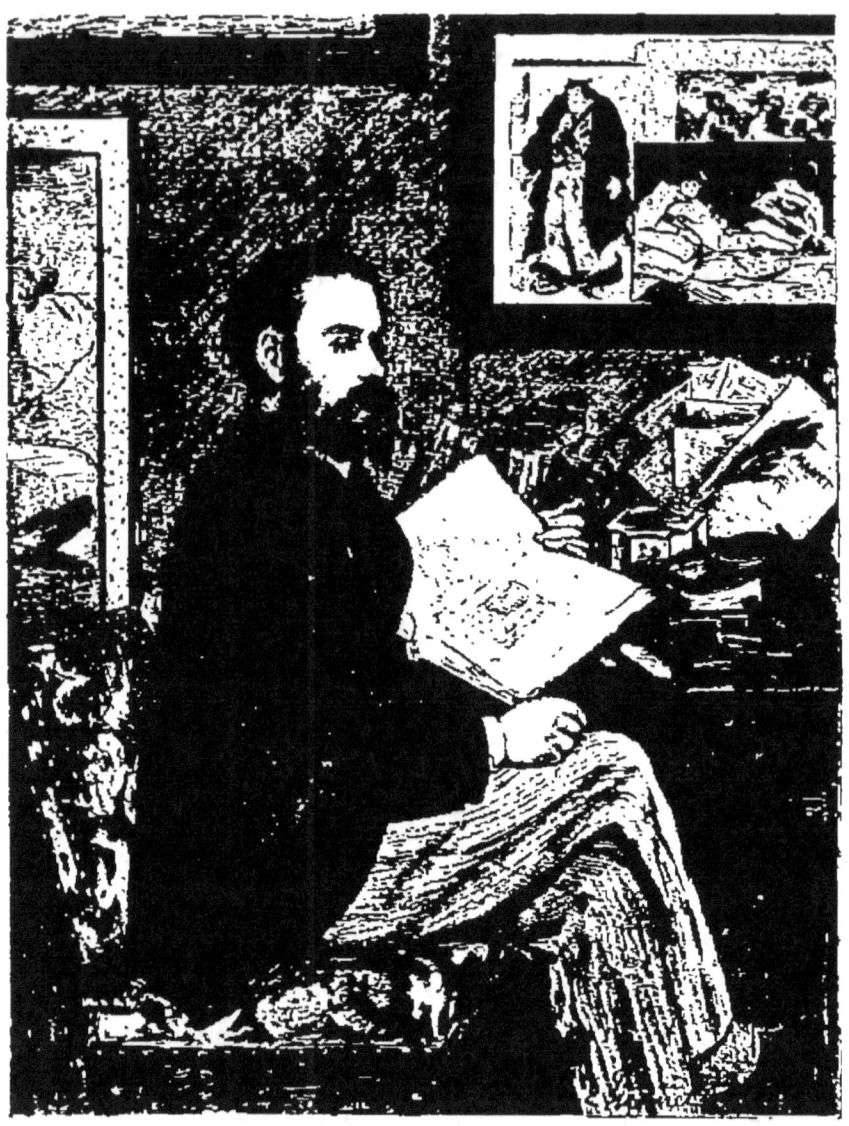

PORTRAIT DE M. ÉMILE ZOLA.
(Dessin de Guérard d'après Édouard Manet.)

poser à toutes les colères, à toutes les insinuations, à toutes les calomnies. Ce fut Émile Zola, chargé de la

critique dans l'*Événement*, que dirigeait alors M. de
Villemessant. Il publia sous ce titre : « Mon Salon » plusieurs articles très francs d'allure, où son admiration
pour l'artiste absent se manifestait aux dépens des célébrités de coterie qu'il était chargé de juger. Les lettres
de désaveu s'accumulèrent dans la boîte du journal. Les
malédictions suivirent les malédictions, et il y eut, ce
qui fut plus grave, des désabonnements. Le rédacteur en
chef fut blessé au vif par cette manifestation suprême, et,
à la suite de la quatrième étude, pas davantage, on put
lire cette note extraordinaire :

Ici le peuple proteste, les abonnés se fâchent. Le panégyrique de
M. Manet a porté tous ses fruits : un critique qui admire un tel peintre
ne peut être toléré. On demande violemment mon abdication. M. de
Villemessant, pour lequel je me sens la plus vive reconnaissance — je ne
saurais trop le répéter — est obligé de céder au public. Il est convenu
entre lui et moi qu'il va faire droit aux réclamations en m'adjoignant un
de mes honorables confrères, M. Théodore Pelloquet, et en nous accor-
dant trois articles à chacun. L'*Événement* contiendra ainsi des jugements
pour tous les goûts ; le public n'aura plus à se plaindre que de la diver-
sité des mets.

Ainsi fut évité le naufrage de l'*Événement*. Mais
Émile Zola resta le point de mire de la raillerie. Il
raconte, dans une lettre à son ami Cézanne, les outrages
dont on l'abreuva.

« .... *Tu l'ignorais sans doute, je suis un homme
de mauvaise foi. Le public a déjà commandé plusieurs
douzaines de camisoles de force pour me conduire à
Charenton. Je ne loue que mes parents et mes amis, je
suis un idiot et un méchant, je cherche le scandale...* »

L'indépendance du caractère a de ces récompenses.
Il est vrai qu'Émile Zola ne s'affligea pas outre mesure.

Loin de se rebuter, il insista, et riposta par une brochure tout entière consacrée à Manet, où s'étalent les théories les plus subversives, où se succèdent les proclamations incendiaires, et qui est, d'un bout à l'autre, un abominable appel à la révolte. Là, tout l'œuvre connu de Manet est étudié sans pitié et admiré sans retenue. Cet insurgé est hissé sur le pavois et les vieilles traditions sont conspuées horriblement.

Cette brochure combla la mesure. Elle était courageuse, tout simplement : on la trouva insolente. Et aujourd'hui, l'opinion qu'elle soutenait, en un style clair et vivant, est partagée par une légion. Relisez-la. Vous y trouverez nombre de pages pleines de sens, d'observation, d'équilibre, qui vous paraîtront absolument naturelles. Elles sont le résultat consciencieux des méditations d'un esprit d'analyse, et d'ailleurs elles ont fait des prosélytes. Il y a vingt ans, les écrire, cela s'appelait couper la queue de son chien. Pour peu que les choses continuent, il n'y aura bientôt plus que des chiens sans queue, — excepté celui de M. About, cet Alcibiade au rebours.

XII

Avenue de l'Alma.

Le lecteur ne s'étonnera pas que le gouvernement, ayant convié le monde au Champ de Mars, n'ait pas voulu rougir devant ses visiteurs. Aussi l'Académie s'empressa de bannir Manet de l'Exposition universelle, de même qu'elle en avait banni Courbet. Que voulez-vous? ce gouvernement était fort. Il répondait de l'ordre. Il était bien logique qu'il exerçât ses foudres contre le peintre d'Ornans et contre le peintre des Batignolles.

Ça ne lui réussit guère.

Courbet et Manet eurent l'idée, — puisqu'ils étaient écartés du caravansérail officiel, — de se construire chacun un refuge. On vit s'élever sur l'avenue de l'Alma deux bâtiments de bois. Courbet s'installa dans l'un, et comme ce n'est pas l'histoire de Courbet que je raconte, je n'ai pas à dire quel succès il y obtint. Pourtant, ce persécuté passa par des anxiétés et des déboires parallèles aux déboires et aux anxiétés que Manet connut. Il était plus vieux, il mourut plus tôt : deux raisons pour que justice, — une justice qu'aida M. Castagnary, — soit depuis plus d'années rendue. Il est bon de rappeler au public, de se rappeler à soi-même les infamies dont souffrirent des artistes acclamés maintenant, et à ceux qui nient Manet de nommer Courbet, ainsi qu'à ceux qui niaient Courbet on pouvait nommer Ingres lui-même, que l'*Époque*, à ses débuts, accusait de faire remonter l'art « à la barbarie grotesque du xviᵉ siècle ».

Donc, en 1867, vers l'emplacement où se développe à présent l'Hippodrome, Manet se résolut à exposer tout son œuvre. Il possédait déjà un considérable bagage. Sans doute, on se souvenait des tableaux admis au Salon. Il y en avait bien davantage. Ce qu'il travaillait, c'est extraordinaire. Mondain, — suivant un tel, — rapin, — suivant tel autre, — il n'était ni rapin ni mondain. Il était principalement un piocheur !

Et le catalogue, à lui seul, est un témoignage.

Comment ! cinquante, cinquante numéros ! — Eh ! oui, et que de numéros inattendus et surprenants ! Courbet, entrant, en voisin, s'écria : « Que d'Espagnols ! » Il y avait en cette exclamation une petite jalousie enfantine. Ces Espagnols étaient, pour la plupart, de bons Français. D'autant mieux que, — phénomène bizarre, — Manet, qui songeait tant à Velazquez lorsqu'il fréquentait le Louvre, se mit à délaisser l'Espagne, après avoir visité Madrid et Séville. Ce qui s'explique. Il n'était pas fait pour copier, mais pour créer. S'inspirer des tableaux illustres, soit : l'imagination se prend aux beautés des maîtres anciens. Mais, voyant le pays, les lumières, les types, il pensa à les reproduire lui-même, sans chercher des intermédiaires, — même de génie.

C'est de cet effort qu'on lui en voulut et qu'on le punit.

Il répliqua en édifiant son musée personnel sur les bords de la Seine[1]. Le catalogue de cette collection est

---

1. Catalogue des tableaux de M. Édouard Manet, exposés, avenue de l'Alma, en 1867. — Paris, imprimerie L. Poupart-Davyl, 20, rue du Bac.

sous mes yeux, et, j'en conviens, je suis stupéfait d'une telle prodigalité.

Prodigalité justifiée, en somme, en une préface très claire, qu'il me paraît indispensable de reproduire.

Depuis 1861, disait cette préface, *M. Manet expose ou tente d'exposer.*

Cette année, il s'est décidé à montrer directement au public l'ensemble de ses travaux.

A ses débuts au Salon, M. Manet obtenait une mention, mais ensuite, il s'est vu trop souvent écarté par le jury, pour ne pas penser que, si les tentatives d'art sont un combat, au moins faut-il lutter à armes égales, c'est-à-dire pouvoir montrer aussi ce qu'on a fait.

Sans cela, le peintre serait trop facilement enfermé dans un art dont on ne sort plus. On le forcerait à empiler ses toiles ou à les rouler dans un grenier.

L'admission, l'encouragement, les récompenses officielles sont en effet, dit-on, un brevet de talent aux yeux d'une partie du public prévenue dès lors pour ou contre les œuvres reçues ou refusées. Mais, d'un autre côté, on affirme au peintre que c'est l'impression spontanée de ce même public qui motive le peu d'accueil que font les jurys à ces toiles.

Dans cette situation, on a conseillé à l'artiste d'attendre. Attendre quoi? Qu'il n'y ait plus de jury?

Il a mieux aimé trancher la question avec le public.

L'artiste ne dit pas aujourd'hui : Venez voir des œuvres sans défauts; mais : Venez voir des œuvres sincères.

C'est l'effet de la sincérité de donner aux œuvres un caractère qui les fait ressembler à une protestation, alors que le peintre n'a songé qu'à rendre son impression.

M. Manet n'a jamais voulu protester. C'est contre lui, qui ne s'y attendait pas, qu'on a protesté, au contraire, parce qu'il y a un enseignement traditionnel de formes, de moyens, d'aspect, de peinture; c'est que ceux qui ont été élevés dans de tels principes n'en admettent plus d'autres. Ils y puisent une hâtive intolérance. En dehors de leurs formules, rien ne peut valoir, et ils se font non seulement critiques, mais adversaires, et adversaires actifs.

Montrer est la question vitale, le sine quâ non *pour l'artiste, car il arrive après quelques contemplations qu'on se familiarise avec ce qui surprenait, et, si l'on veut, choquait. Peu à peu, on le comprend et on l'admet.*

Le temps lui-même agit sur les tableaux avec un insensible polissoir et en fond les rudesses primitives.

Montrer, c'est trouver des amis et des alliés pour la lutte.

M. Manet a toujours reconnu le talent là où il se trouve, et n'a prétendu ni renverser une ancienne peinture ni en créer une nouvelle. Il a cherché simplement à être lui-même et non un autre.

D'ailleurs, M. Manet a rencontré d'importantes sympathies, et il a pu s'apercevoir combien les jugements des hommes d'un vrai talent lui deviennent de jour en jour plus favorables.

Il ne s'agit donc plus, pour le peintre, que de se concilier le public dont on lui a fait un soi-disant ennemi.

La citation est un peu longue. Mais je me serais accusé de l'écourter ou de la tronquer. Elle est pleine de révélations et d'enseignements, et sur l'esthétique du maître, et sur ses ambitions, et sur sa prévoyance. C'est

toute une confession et toute une profession de foi. Ayant
lu ce morceau calme et lumineux, on peut entrer dans
la galerie avec des sentiments plus impartiaux et des
notions plus sûres de la vérité. Les critiques seront encore
acerbes, on ne détruit pas une prévention par une préface, mais elles éprouveront le besoin impérieux de
s'étayer, de se disculper.

Je ne m'arrêterai pas sur tous les numéros de l'exposition particulière [1]. Pour la plupart, en effet, ils avaient
figuré dans des expositions antérieures ou devaient figu-
rer dans des expositions subséquentes. Il en est un qui
a disparu : *les Gitanos,* dont il ne subsiste que deux
têtes, un homme et une femme, d'une haute expression.
Beaucoup sont dispersés chez les amateurs. *L'Enfant à
l'épée,* qui est célèbre, nous fut enlevé par l'Amérique.
On en conserve pourtant une eau-forte, de Manet aussi,
qui fait amèrement regretter le départ de la toile origi-
nale, dont un écrivain fit cette description : « *L'Enfant à*

[1]. En voici, du reste, la liste très exacte : *le Déjeuner sur l'herbe,
Olympia, le Chanteur espagnol, l'Enfant à l'épée, l'Homme mort, Jésus
insulté par les soldats, le Christ mort et les Anges, Portrait de M. et de
M*[me] *M..., les Gitanos, le Vieux Musicien, le Fifre, M*[lle] *V... en costume
d'espada, Jeune homme en costume de majo, Portrait de M*[me] *M..., Jeune
Dame en 1866, un Matador de taureaux, Lola de Valence, l'Acteur tragique, les Chanteuses des rues, Portrait de M*[me] *B..., un Moine en prière,
le Combat des navires américains Kearsage et Alabama, le Gamin, la
Musique aux Tuileries, les Courses au bois de Boulogne, la Joueuse de
guitare, le Liseur, le Ballet espagnol, le Buveur d'absinthe, Nymphe surprise, un Philosophe, autre Philosophe, un Vase de fleurs, le Steam-boat,
Jeune Femme couchée en costume espagnol, un Déjeuner, Fruits, Poissons,
une Dame à sa fenêtre, Vue de mer, temps calme, un Panier de fruits, un
Chien épagneul, Portrait de Z. A..., les Étudiants de Salamanque, Bateau
de pêche arrivant vent arrière, Tête d'étude, Fruits, un Lapin, le Fumeur,
Paysage.* — Plus trois copies : *la Vierge au lapin, le Portrait du Tintoret, les Petits Cavaliers.* — Plus enfin trois eaux-fortes : *les Gitanos, le
Portrait de Philippe IV, les Petits Cavaliers.*

l'épée est un petit garçon debout, l'air naïf et étonné, qui tient à deux mains une énorme épée garnie de son bau-

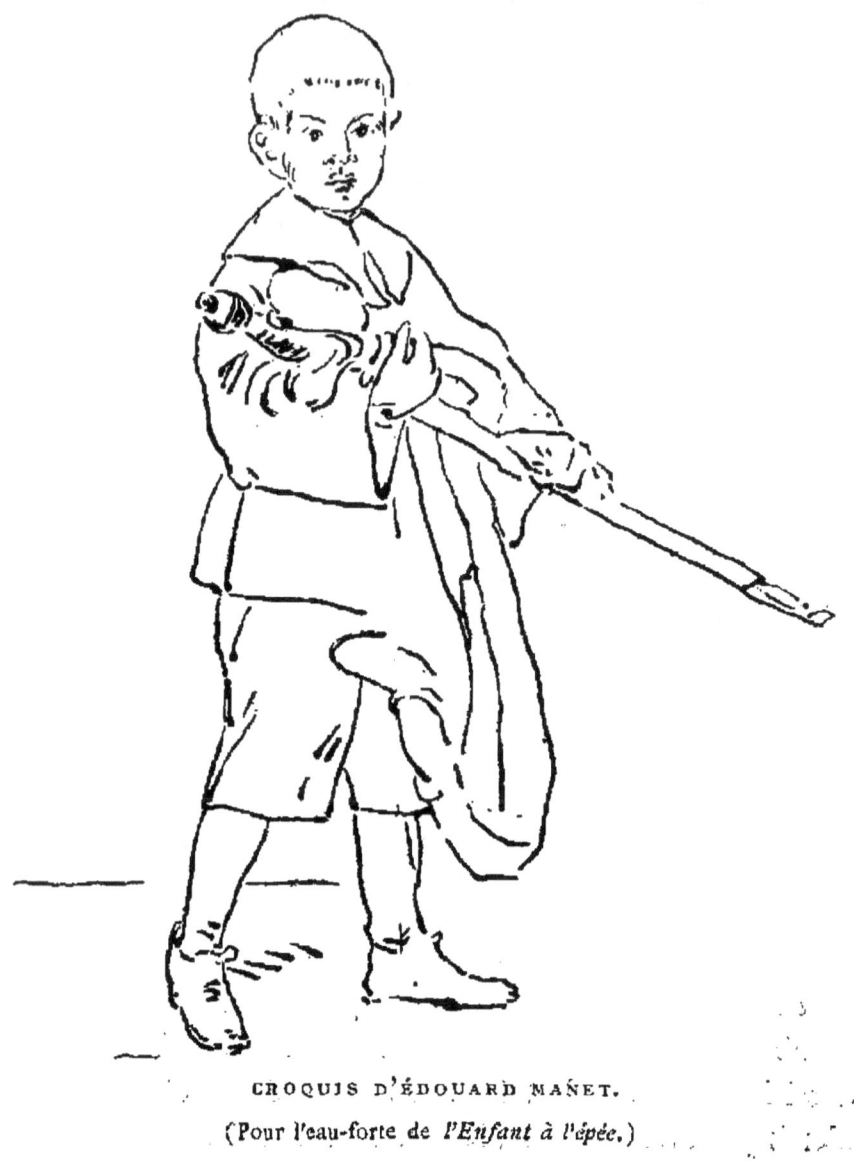

CROQUIS D'ÉDOUARD MANET.

(Pour l'eau-forte de *l'Enfant à l'épée.*)

drier... On dit qu'Édouard Manet a quelque parenté avec les Espagnols, et il ne l'a jamais avoué autant que dans *l'Enfant à l'épée*. La tête de ce petit garçon est une merveille de modelé et de vigueur adoucie [1] ». D'autres se retrouvent en des milieux qui surprennent. *Le Moine en prière,* un morceau d'une rare énergie, orne la salle du conseil d'une administration financière : agenouillé, la tête légèrement renversée, les bras collés au corps, les mains ouvertes, il prie ; il est ravagé par l'extase, farouche et humble. Une robe de bure, serrée à la hanche par une grosse corde, tombe en plis rudes sur ses pieds ; une tête de mort est jetée, à ses côtés, sur la dalle. Toute l'inquisition sauvage revit en ce personnage isolé, qui a la férocité du croyant et la ferveur de l'apôtre. Les actionnaires qui délibèrent devant ce moine superbe doivent avoir des distractions et se souvenir parfois des vanités de ce monde.

Il était impossible de n'être pas frappé de la variété de ce talent chercheur qui s'attaquait à toutes les difficultés, étudiait la nature en toutes ses manifestations, et ne trouvait aucun sujet indigne de son pinceau. Les natures mortes l'intéressaient autant que les scènes de la vie ; il s'attachait à l'étude des fleurs avec autant de patience qu'aux secrets des physionomies. Il veloutait les fruits comme il scrutait les rides, s'égayait dans les verdures des paysages et laissait flotter ses regards sur les immensités de l'Océan, construisait un navire, animait un combat, et, quand il laissait sa palette, se délassait en maniant le burin d'une main leste, portant sur le cuivre aussi bien que sur la toile son amour de la clarté. Ce n'était pas un spécialiste, il faut en convenir, et dans ce temps où l'on s'enferme si volontiers en des spécialités,

---

1. *Édouard Manet,* par Émile Zola.

où l'on répète en chaque tableau le tableau précédent, il
y avait là, indubitablement, une imprudence que les
petits cerveaux étroits étaient prédestinés à condamner.

On voyait à peu près en son entier, avenue de l'Alma,
l'œuvre du peintre. Un seul tableau y manquait, l'*Exécution de Maximilien*, que l'administration avait interdit.
Le tragique dénouement de l'aventure mexicaine n'était
pas bon à montrer en France. Cet empereur payant ses
fautes épouvantait l'empereur impuni. Il est incontes-
table que l'effet est prodigieusement terrifiant. Le peloton
d'exécution, composé de six soldats de Juarez, vient de
tirer. Les fusils sont encore épaulés. La fumée épaisse
forme un nuage entre les canons mats et les condamnés
qui chancellent : Maximilien, blond et presque rose sous
son chapeau de paille, ayant bien la marque des Habs-
bourg, et ses deux complices, Miramon et Mejia, bruns et
la peau noircie. A l'arrière, le sous-officier prépare le coup
de grâce. Les mouvements sont d'une justesse rigide,
et les poses et les statures ont une fermeté décidée.

On a jugé que les exécutés étaient, outre mesure,
rapprochés des exécuteurs. En effet; mais c'est ainsi que
se passa le drame. Des documents l'établissent, et le
peintre ne travaillait pas sans documents.

Le mur gris de l'enceinte, par-dessus lequel une foule
curieuse de sa vengeance s'est hissée, et la campagne
ensoleillée, où des groupes plus lointains apparaissent
dans la verdure que coupe un pan tout bleu de ciel, forment à la scène un encadrement calme qui oppresse.

Ce tableau a beaucoup voyagé aux États-Unis. Il fut
promené à travers toutes les grandes villes du nouveau
monde, et annoncé à grand fracas. Sur les murs, à pro-
fusion, des affiches avaient été apposées. Des prospectus

étaient distribués à tous les carrefours, dans tous les cafés, dans tous les hôtels. Ils avaient leur éloquence :

JUST OPEN !

EXHIBITION

OF THE

GREAT PAINTING

OF THE CELEBRATED FRENCH ARTIST

E. MANET,

"THE EXECUTION OF THE EMPEROR MAXIMILIAN"

ADMISSION, . . 25 CENTS.

Open daily, Sundays excepted, from 10 A. M. to 9 P. M., at 757 BROADWAY, cor 8th St., under DANIELL & SON'S ...

Le tableau, proscrit de France, est depuis peu de

temps revenu. On ne le connaissait que par la photographie et par les comptes rendus des journaux et des
revues. Il en existe bien une réduction extrèmement
curieuse. Mais seulement quelques intimes avaient pu
la voir. Aujourd'hui, l'empire n'est plus là, l'empereur
non plus, et le tableau y est toujours, témoin implacable
de l'expiation de Queretaro.

XIII

Insistance.

Dans cette lutte ardente, bien d'autres eussent perdu le courage et se fussent amendés. Manet ne faiblissait pas, et, convaincu de la justesse de sa formule, traversait, impassible, les clameurs de la foule. Il fut récompensé de sa fermeté ; un revirement manifeste s'opéra en sa faveur. Plusieurs des critiques qui s'étaient contentés primitivement de le combattre par des plaisanteries ou des injures s'avisèrent de le discuter, et, en le discutant, s'aperçurent eux-mêmes de qualités qu'ils n'avaient pas distinguées jusque-là. Émile Zola eut des imitateurs ; on compta avec l'artiste ; c'était un grand pas accompli.

Une Jeune Femme, exposée au Salon de 1868, fut accueillie encore par des sourires méchants et de mauvaises humeurs. Toutefois, on daigna l'examiner. Çà et là, on rencontre des félicitations. La plus singulière est celle-ci : « Ah ! voilà donc M. Manet qui devient raisonnable ! » Or cette jeune femme était strictement conçue, composée, exécutée dans la note des œuvres précédentes. Elle l'accentuait plutôt. Le portrait d'Émile Zola obtint du succès. On se déclara charmé par les fraîcheurs claires des fonds, la gaieté des accessoires, et l'on accorda qu'il ressemblait au modèle ; on reconnut que la main posée sur le genou était un superbe morceau ; on admira le velours

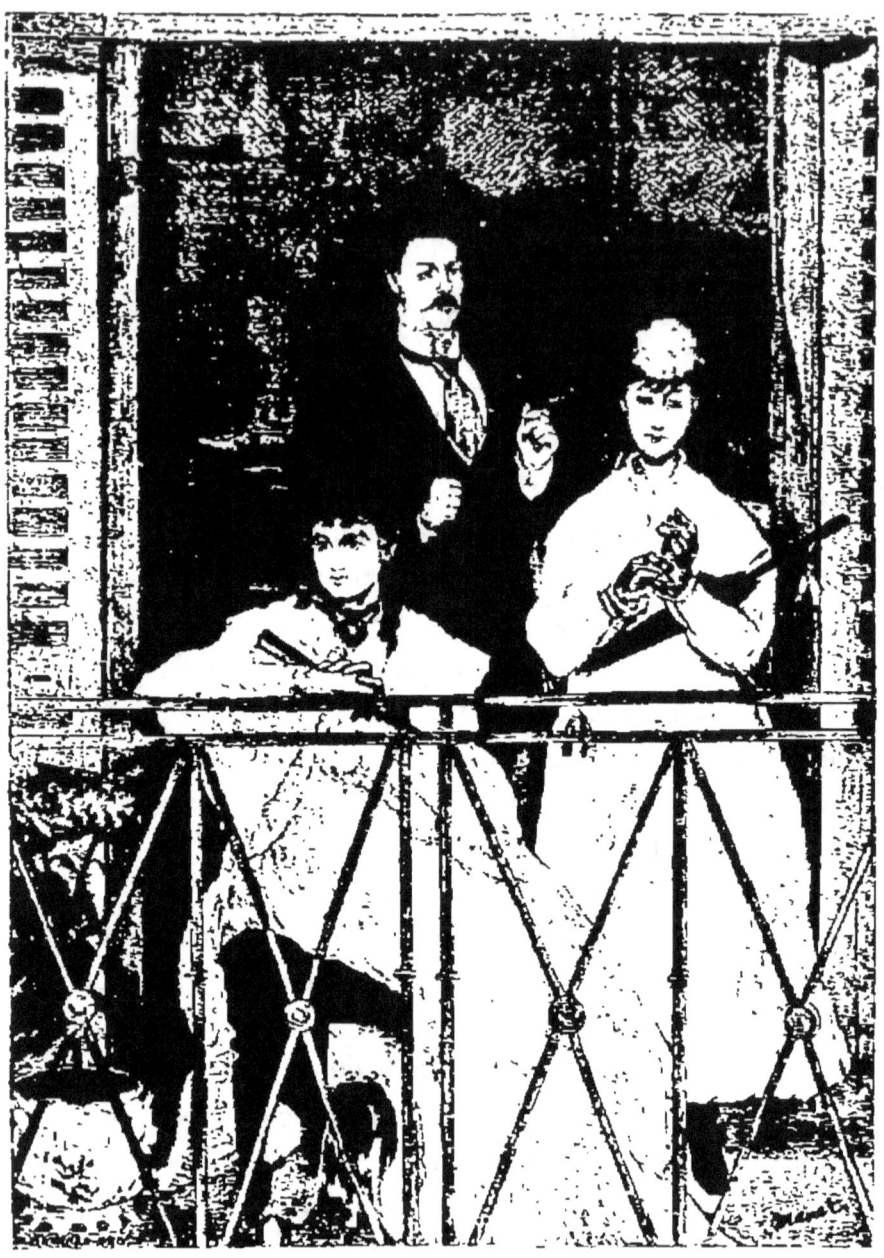

LE BALCON.

(Dessin de M. Guérard, d'après Manet.)

du paletot. Vous voyez qu'il y avait progrès. L'éducation
se faisait. Le cercle de ceux qui comprenaient s'élargis-
sait. MM. Castagnary, Jean Rousseau, Chaumelin, mé-
fiants d'abord, se livraient. Le sévère Paul Mantz avait
des douceurs. Oh ! les récalcitrants ne manquaient pas.
Mais, soyez tranquilles, à la longue, ils suivront le flot,
sauf quelques incurables que nul argument ne pourra
convertir.

Le *Balcon* et *le Déjeuner*, en 1869, scandalisèrent
certainement M. de Pontmartin ; en revanche, Théophile
Gautier complimenta le peintre sur sa sagesse, et, au
milieu de reproches divers, constata l'unité puissante de
ses figures. Les natures mortes du *Déjeuner*, et le jeune
homme qui s'appuie à la table, au premier plan, furent
très généralement appréciés à leur valeur. Mais, comme
le badaud a besoin quand même d'un aliment à son gros
rire, il s'en prit aux barreaux verts du *Balcon*. Des barreaux verts ! vit-on jamais pareille témérité ? Est-ce qu'il
existe des barreaux verts dans la nature ? Et l'on s'ameuta
contre les barreaux verts. Les scènes stupides du temps
d'*Olympia* se répétèrent, plus violentes. Il fallut protéger les barreaux verts contre les agressions idiotes de
vandales en redingote. Ce fut heureusement la dernière
manifestation de ce genre qui se produisit. Depuis lors,
il y eut, c'est certain, d'aigres polémiques ; mais jamais
plus les rancunes inintelligentes ne se révélèrent avec
cette brutalité.

Au seuil de l'année terrible, le Salon s'ouvrit comme
d'habitude. On y vit la *Leçon de musique* et le *Portrait
de M*ᵗᵉ *E. G...* J'avouerai que la *Leçon de musique* n'est
pas l'œuvre que je préfère. Elle est froide, plaquée, sans
expression ; les deux personnages, la femme qui lit la

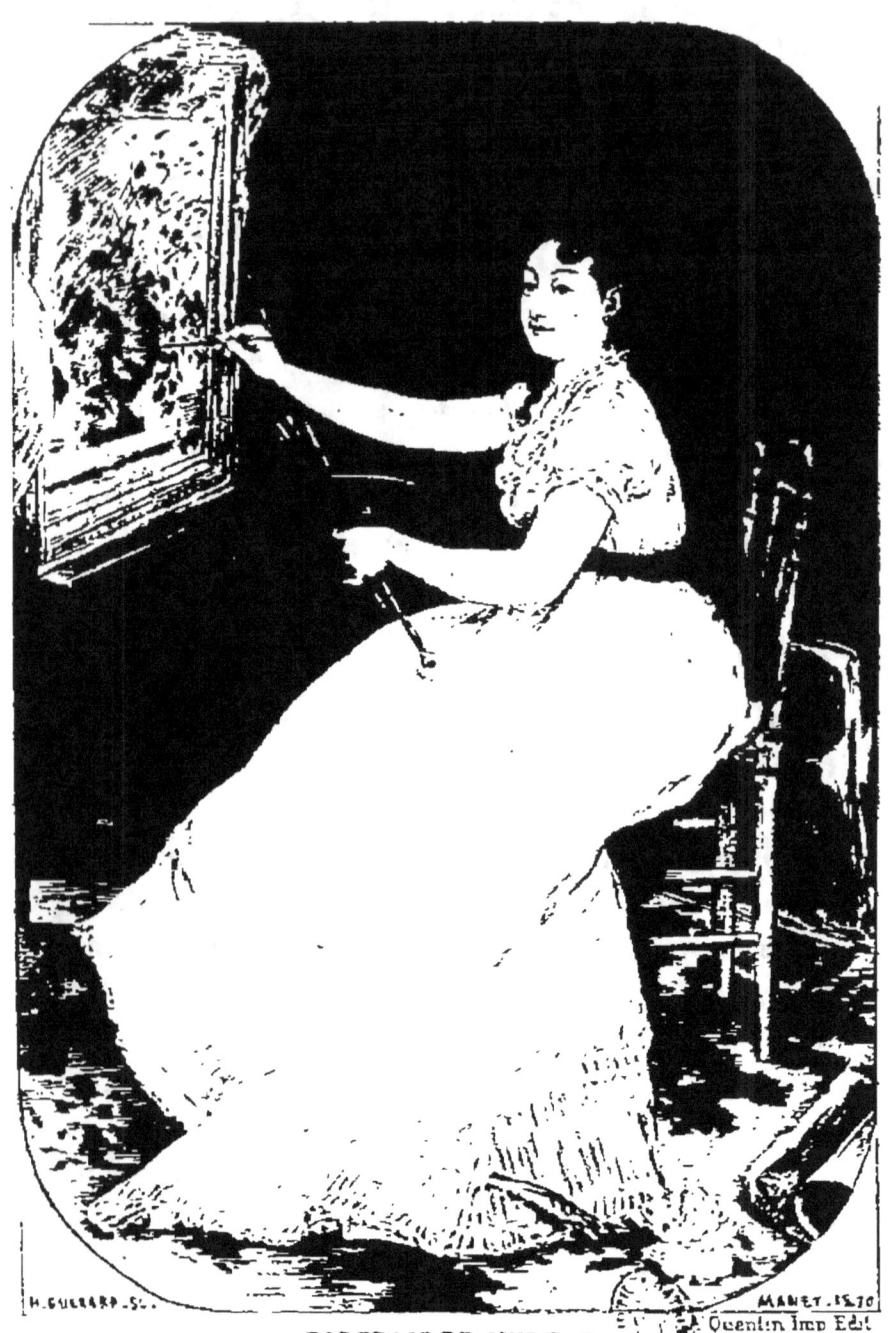

PORTRAIT DE M⁴ᵉ E. G

Eau-forte de N. H Guerard d après le tableau de Manet

partition, l'homme qui accorde la mandoline, détachent, j'en conviens, leurs silhouettes avec un certain bonheur, et les gris des étoffes sont rendus avec une délicatesse extrême, — mais sur un fond indistinct, assombrissant, qui les envahit. Il y a de la morosité dans cet accord, et, sans le tapis persan que foulent aux pieds le professeur et l'élève, il y aurait de la monotonie.

Tout au contraire, le portrait de Mlle E. G... Je puis bien compléter ces initiales : hélas ! le modèle qui posa devant le peintre n'est plus : — Mlle E. G..., c'était Mlle Éva Gonzalès, la fille si belle du romancier connu, la femme si bonne de M. Henri Guérard, le graveur distingué. Pour ce portrait, on se fâcha moins. Les mousselines du peignoir, les grâces charmantes du corps qui transparaissent, le mouvement juste de l'artiste qui réfléchit, séduisirent même les préventions, et on lut sans trop de stupéfaction le panégyrique très sincère et très frappant que M. Théodore Duret porta à *l'Électeur libre*, et qui, bien qu'effrayant, fut imprimé.

« Nous déclarons en face de ce portrait, disait le téméraire critique, qu'il nous est absolument impossible de comprendre ce qui peut exciter ce parti pris de dénigrement de tout ou partie du public. Le ton général de l'ensemble n'est nullement cru ou criard ; tout au contraire, la robe blanche de la jeune fille, d'un ton éteint, se marie harmonieusement avec le tapis d'un bleu azuré et au fond gris du tableau ; la pose est naturelle, le corps plein de mouvement, et, quant aux traits du visage, si on leur retrouve le type d'une saveur si particulière, qui est celui de M. Manet, ce type est, au moins, cette fois-ci, plein de vie et ne manque pas d'élégance.

« Pour nous, conclut M. Théodore Duret, en voyant

le développement persistant d'une figure si accentuée....,
nous résumerons l'opinion que nous nous sommes depuis
longtemps formée de M. Manet, en disant que c'est un
inventeur, un des rares qui ait sur les choses sa vue
propre, et qui, par là, soit vivant[1]. »

M. Théodore Duret, — c'est notoire, — fut l'ami de
Manet, il est son exécuteur testamentaire ; mais cela n'at-
ténue pas ses éloges.

---

1. *Électeur libre* du jeudi 9 juin 1870.

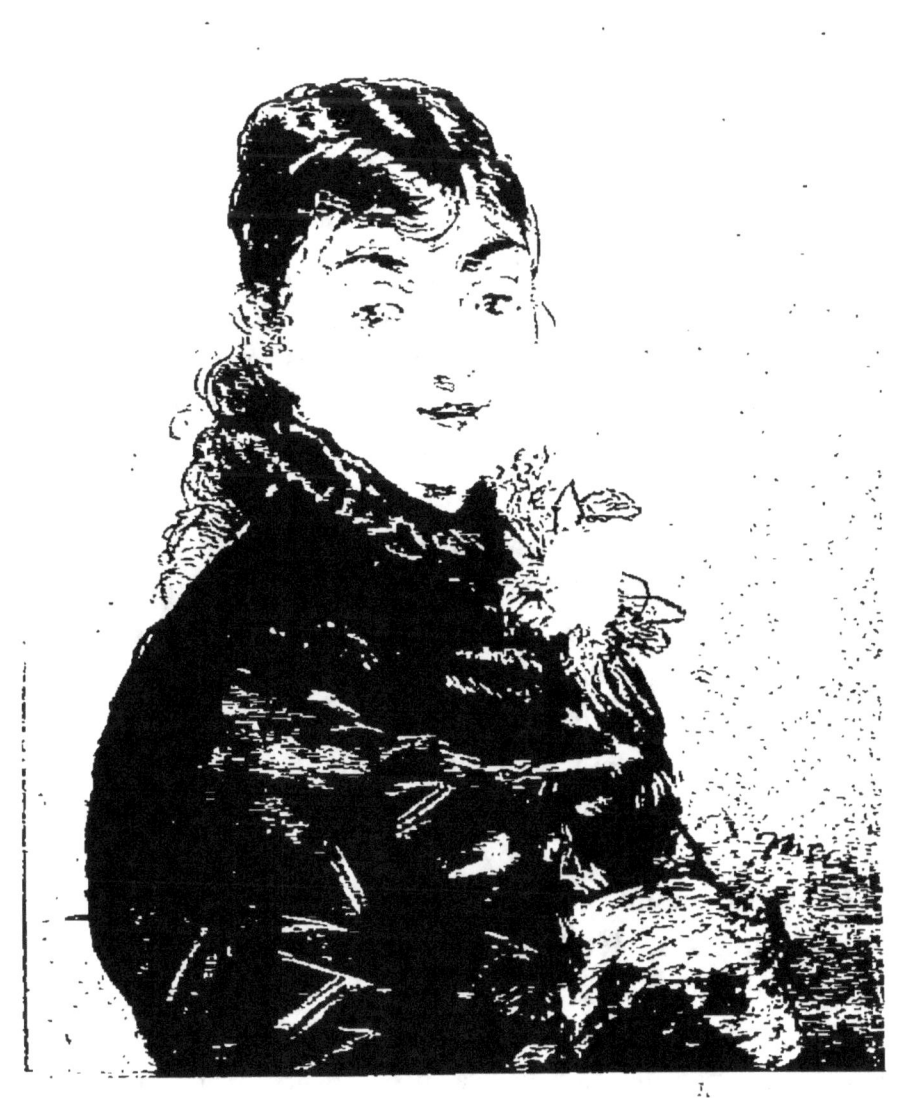

XIV

Le plein air.

Quelque temps avant la déclaration de guerre, Manet était en villégiature chez un de ses amis, à la campagne, aux environs de Paris, et, naturellement, il travaillait chez son hôte comme chez lui. Seulement, son atelier, c'était le parc. Un jour, il se plaça résolument devant la lumière, posa ses modèles entre les bosquets, à l'entrée d'une pelouse, et se mit à peindre. C'était la première fois qu'il se trouvait face à face avec la nature extérieure. Il eut une certaine hésitation, mais de courte durée. Il se rendit compte des nouvelles difficultés qu'il abordait, et s'en rendre compte, c'était en triompher. De là sortit son premier tableau en plein air, intitulé *le Jardin*; une jeune femme se repose en son fauteuil, entre son mari couché sur le gazon et son baby endormi dans son berceau. La clarté inonde la toile; elle est traduite dans toutes ses valeurs, se décompose dans ses reflets et dans ses taches. Le paysage vit et s'illumine, l'air circule et nous sommes loin, alors, des arbres de convention, bien lissés et bien peignés, que la tradition respecte et voudrait imposer. Cette révélation est une révolution. L'école du plein air naît avec cette toile[1], que d'autres vont suivre et compléter. Or, ainsi que le constata

1. *Le Jardin* appartient à M. de Nittis.

M. Guérard, « le plein air ne consiste pas à faire un arbre, même dehors..... L'intérêt de ce fameux plein air, c'est la vie, c'est la figure humaine et moderne se mouvant dans l'atmosphère, avec les effets, les valeurs intenses, les modelés francs, que donnent aux êtres et aux choses, en les simplifiant, la vraie lumière et le soleil. »

Le commencement des hostilités interrompit les travaux ; le territoire était envahi. L'ennemi s'avançait, menaçant Paris. Il fallait songer à ses devoirs de patriote ; Manet entra dans le corps des canonniers, composé en grande partie d'artistes et de littérateurs. Au mois de décembre cependant, il fut appelé à l'état-major de la garde nationale, avec le grade de lieutenant. Il avait pour chef le colonel Meissonier, qui, ayant toute sa vie peint des soldats et des batailles, passait, pour cette cause sans doute, pour prédestiné à de hautes fonctions militaires. Aussitôt l'armistice signé, le cœur attristé, il quitta Paris pour rejoindre sa famille qui s'était réfugiée dans les Pyrénées, à Oloron. Là, il reprit ses pinceaux et poursuivit ses études, se tenant fermement dans sa nouvelle manière. Ce n'était plus le Manet du *Joueur de guitare* ni de la *Leçon de musique*. Il s'échappait à présent des influences ; sa personnalité s'affirmait nettement. On ne retrouvait plus en lui l'inspiration étrangère ; il faisait acte de novateur.

On s'en aperçut bien, quand il parut en 1872 avec le *Combat du Kearsage et de l'Alabama*. Cette mer, si largement traitée, n'est pas une mer de convention. Elle roule dans toute sa terrifiante grandeur, et l'effort des hommes qui se foudroient dans le lointain semble infime. Duranty, dans le *Paris-Journal*, Camille Pelle--

tan, dans le *Rappel*, louèrent cette page, colossale par

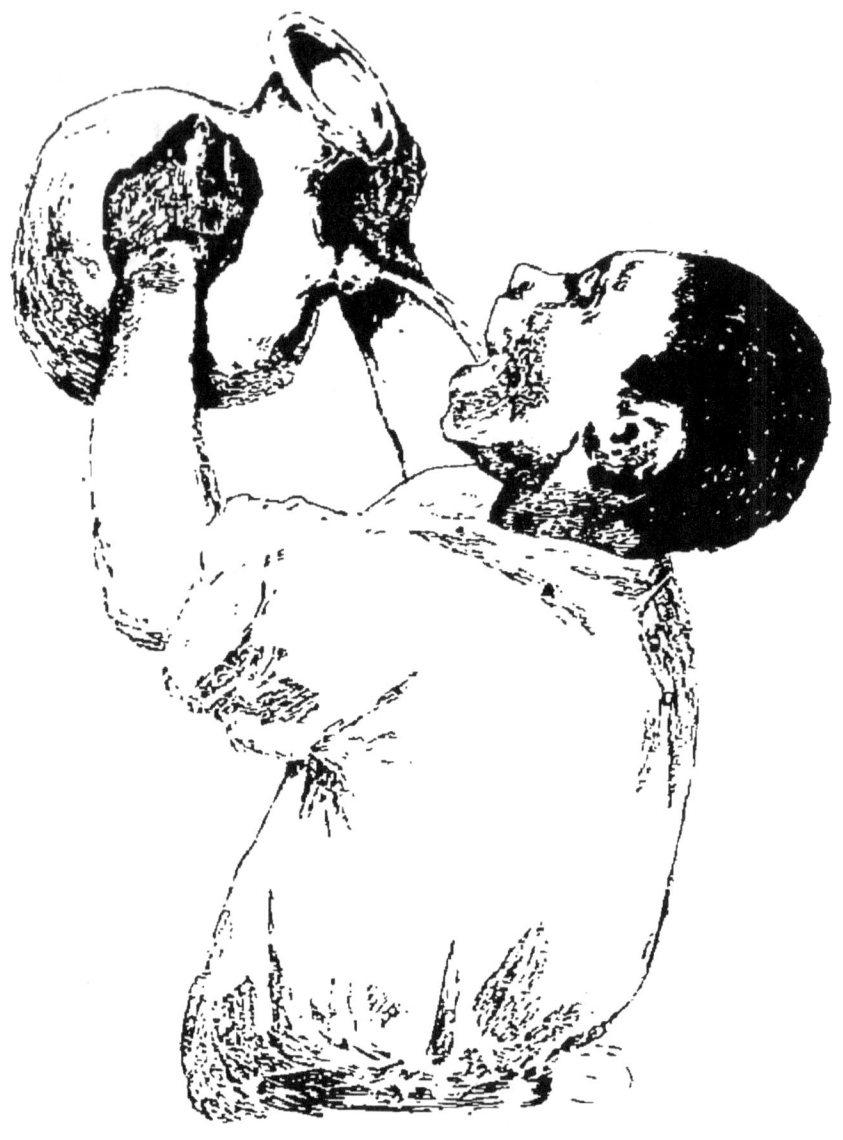

LE BUVEUR D'EAU.

(Dessin de Guérard, d'après Éd. Manet.)

la philosophie qui s'en dégage et par l'interprétation.
Mais c'est Barbey d'Aurevilly qui souligna avec le plus

.de vigueur la sensation dont le spectateur était atteint.

« C'est une sensation de nature et de paysage, très simple et très puissante, écrivit-il... Voilà qu'en faisant son tableau, — un tableau de genre et d'abordage, qu'il a conçu et réalisé avec la rétorsion d'un homme qui veut, par toutes voies, échapper à l'affreux poncif qui nous submerge, — c'est ce qu'il y a de plus naturel, de plus primitif, de plus à portée de tout pinceau, depuis que le monde est monde, que M. Manet a le mieux exprimé dans son tableau du *Kearsage et de l'Alabama*.

« M. Manet a rejeté ses deux vaisseaux à l'horizon. Il a eu la coquetterie de les y rapetisser par la distance ; mais la mer qu'il gonfle alentour, la mer qu'il étend et amène jusqu'au cadre de son tableau, dit assez le combat à elle seule, et elle est plus terrible que le combat... On juge du combat d'après ses houles, d'après les profonds soulèvements, d'après l'arrachement de l'abîme — de ses flots tuméfiés.

« Très grand, cela, d'exécution et d'idée ! M. Manet, malgré la civilisation adorée et exécrable qui nous corrompt tous, peut devenir un peintre de grande nature. Aujourd'hui, avec sa marine de l'*Alabama*, il l'a épousée, la nature ! Il a fait comme le doge à Venise, il a jeté un anneau, que je vous jure être un anneau d'or, dans la mer ! »

Il est vrai qu'à côté de ces louanges on entendit encore les cris désespérés de ceux qui ne comprenaient pas. Mais, — le progrès est manifeste, — le chœur des inintelligences commençait à s'éclaircir.

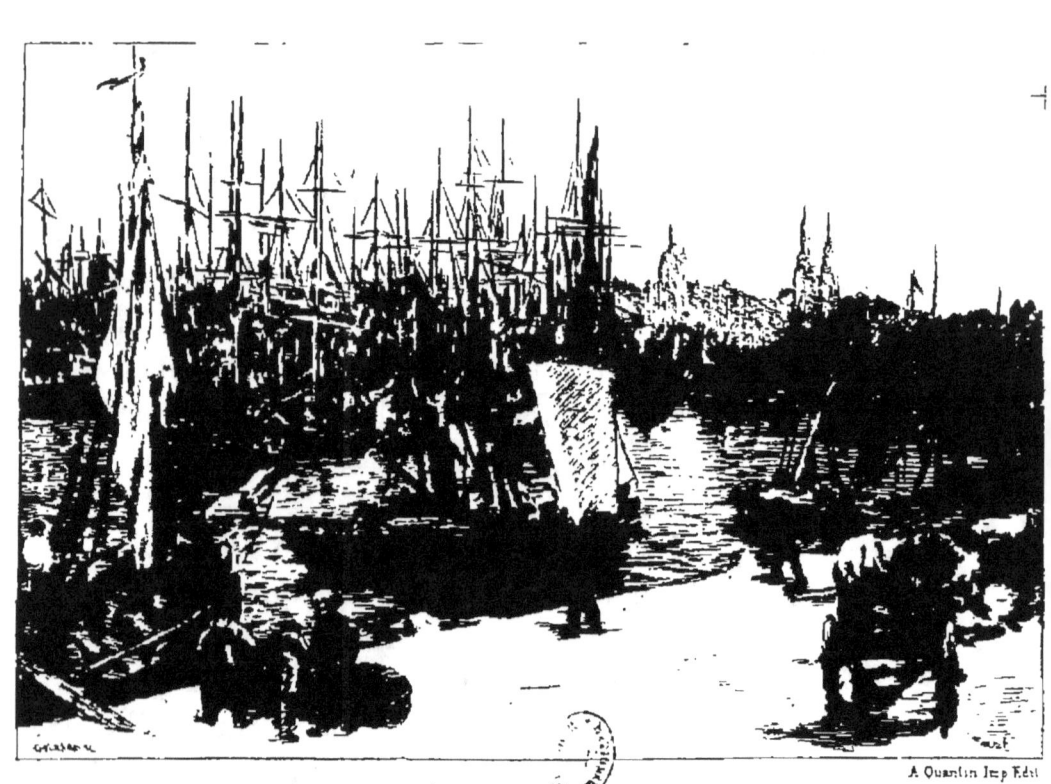

EAU FORTE DE M. H. GUÉRARD D'APRÈS LE TABLEAU DE MANET

A. Quantin Imp Édit

XV

On achète.

Cependant des sympathies se manifestaient, symptômes précieux. On achetait Manet, au scandale de je ne sais quel furieux, qui, de sa lourde prose, brutalisait les acquéreurs.

Un soir, le peintre d'Olympia entra triomphalement dans le cercle du café Guerbois et dit à ses amis :

— Eh bien! voudriez-vous me dire qui ne vend pas cinquante mille francs de tableaux par an ?

Le chœur des camarades répondit :

— C'est vous!

Eh! ce n'était pas lui. Il avait vendu, et vendu à un marchand de tableaux perspicace, M. Durand-Ruel, qui n'avait plus hésité, — après quelques hésitations, — à devenir le possesseur d'un lot important des œuvres décriées.

M. Durand-Ruel n'était pas le premier à deviner, ni à comprendre. Théodore Duret l'avait devancé, et, d'accord avec ses opinions, énoncées en des feuilles rebelles parfois, il s'était réservé une des études qui caractérisent le mieux la seconde manière du maître.

M. Duret, qu'avait suivi Durand-Ruel, n'eut pas seulement cet imitateur : il entraîna M. Gérard, qui prit le *Gamin*, ce polissoncharmant qui porte, insouciant, le nez en l'air, un panier après lequel un barbet goulu s'allonge, — plus diverses natures mortes où se retrou-

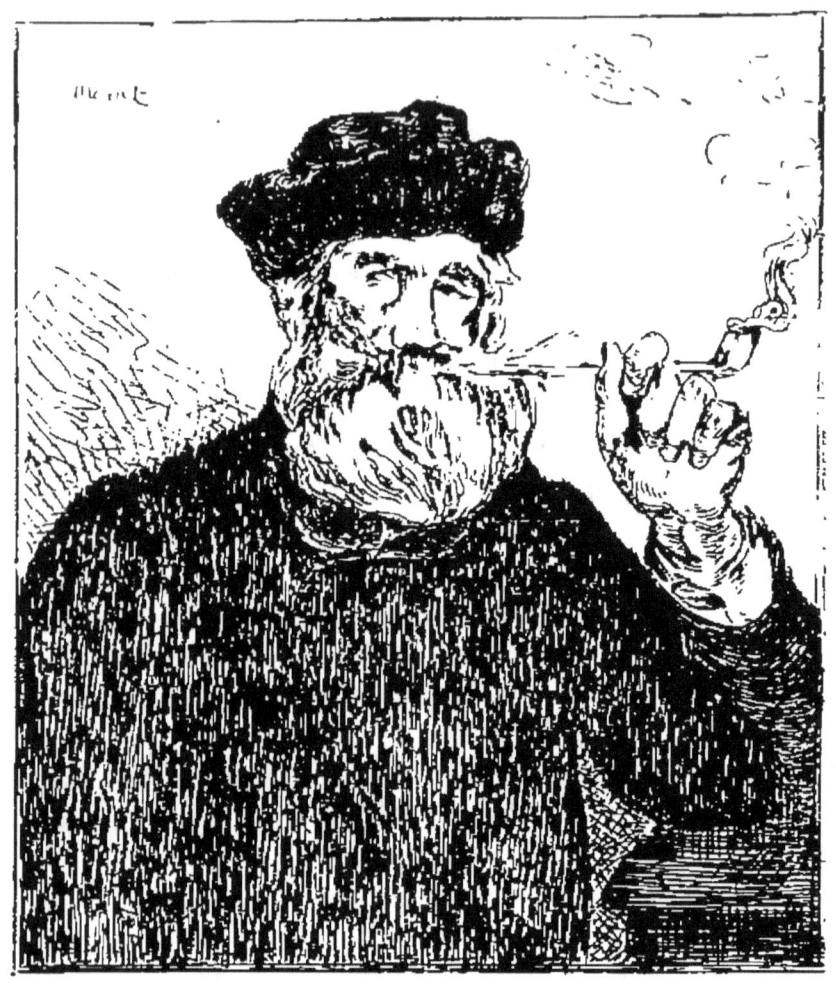

LE FUMEUR.

(Eau-forte d'Ed. Manet.)

vent les tons lumineux des Espagnols; le *Saumon*, entre autres, que Velazquez signerait.

Apparurent ensuite les amateurs prévoyants ou en-

thousiastes, tels que M. Faure, l'incomparable chanteur [1],
MM. Hecht, Deudon, Ephrussi, Bernstein, Charpentier,
de Bellio, Gauguin, May, Pertuiset, qui pressentaient
la valeur et l'estime à venir des toiles discréditées par les
jaloux et combattues par les aveugles.

De cette façon se disséminèrent : les *Hirondelles*, ce
merveilleux paysage qui s'enfonce sous un ciel bas et
infini, et d'où les hirondelles sont envolées; — la
Joueuse de mandoline, si élégante en sa tunique blanche,
qui promène ses doigts fuselés sur les cordes sonores de
l'instrument; — le *Moine en prière*, dont il fut parlé
plus haut; — l'*Homme mort*, le *Guitarero*, la *Femme en
costume d'espada*, les *Courses au bois de Boulogne*, le
Port de Bordeaux, les *Mendiants*, dont l'un est à Nancy,
l'autre à Nantes, sans compter le troisième qui se trouve
rue Neuve-des-Mathurins; le *Café-concert*, — pendant
du *Reichshoffen*, — qui transporta dans Marseille tant
de figures parisiennes...

Les acheteurs venant, c'étaient la malveillance impuis-
sante, les coteries inquiétées. Tiens! les scènes vivantes
n'effrayaient plus! On acceptait dans un Salon la mons-
trueuse nature et l'abominable sincérité !

Il y eut des vieillards corrects qui se couvrirent la tête
de bitume — et réfléchirent.

---

1. M. Faure possède, à lui seul, trente-cinq toiles de Manet.

XVI

On imite.

En même temps que se montraient les acheteurs, les disciples se révélaient. Il était question de l'école de Manet, et Dieu sait quelles colères étaient par elle soulevées ! Colères inutiles et injustifiées ! Manet n'avait pas d'école. Mais un nombre assez considérable d'artistes, impressionnés par sa large interprétation de la vérité, suivaient ses traces, et, sans s'attacher précisément à l'imiter, s'inspirèrent des procédés sincères qu'il avait introduits dans l'art de peindre. Ils étaient ainsi plusieurs qui, attardés aux renouvellements inféconds de l'atelier, s'aperçurent qu'il n'était pas mauvais, parfois, avant de s'installer au chevalet, de regarder devant soi. Monet fut l'un des audacieux qui commencèrent, et la similitude de nom servit singulièrement les parodistes, qui riaient de tout talent à l'aurore ; Degas, qui se livrait, au début, à des pourtraictures sages, se mit à chanter les danseuses, les foyers d'Opéra, les envolements de gaze, qu'il surprend d'un clin d'œil ; M\ue Morizot, aujourd'hui Mme Eugène Manet, s'exerça en des marines très lumineuses, en des scènes de genre bien féminines par la conception et très viriles dans l'exécution ; Pissaro se convertit et, de classique raisonnable, passa au camp des révoltés. Cézanne s'adonna

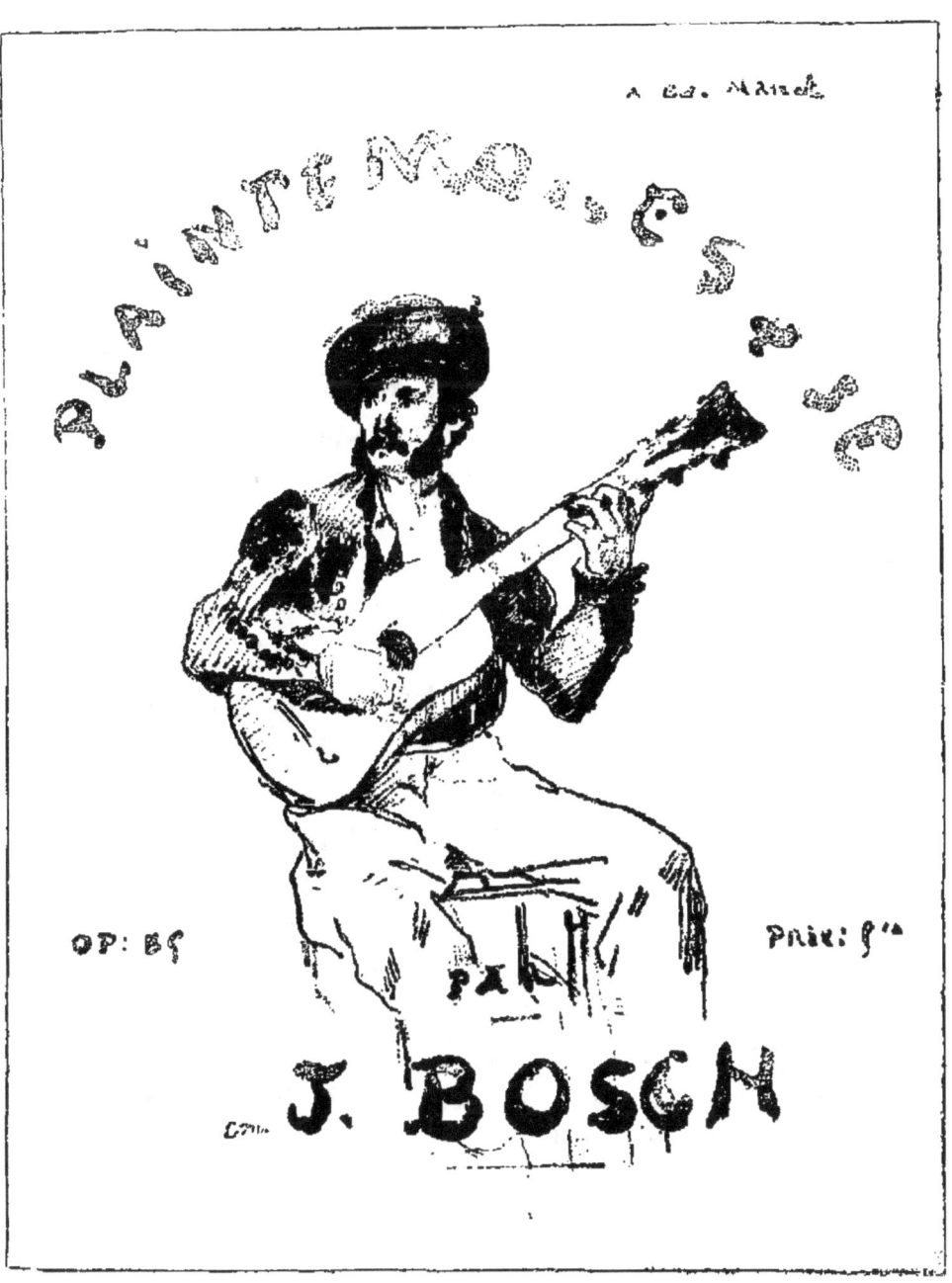

TITRE D'UNE ROMANCE DE BOSCH, PAR ÉD. MANET.

furieusement aux baigneurs et aux canotiers; et Sisley
fit ses paysages, et Renoir fit ses enfants rosés et ses
femmes blanches, et déploya dans ses reflets les sept
couleurs de l'arc-en-ciel. Je cite l'état-major. Mlle Cas-
satt, M. Lamy, un tirailleur qui va et vient de l'Institut
à la Révolution, et qui ferait bien d'opter entre les deux;
M. Caillebotte, le millionnaire fantaisiste, se jetèrent dans
le bataillon, que commandaient les chefs ci-dessus énu-
mérés. Manet était l'ami de tous, les conseillait, les pré-
sentait, les patronnait. Un visiteur venait-il à lui ou chez
lui : — Ah! voyez ce Degas! Voyez ce Renoir! Voyez
ce Monet! Quel talent ils ont, mes amis! — Il s'ou-
bliait, pour parler des autres. Je crois qu'il n'essayait
même pas de les diriger. Il est traditionnel de les classer
parmi ses élèves. C'est une erreur. Il aimait leur talent,
se plaisait à les faire valoir, espérait beaucoup d'eux ;
son rôle, à leur égard, s'arrêtait là. A peine se per-
mettait-il une critique, aussitôt comprise par ces intelli-
gences ouvertes, que de mêmes sympathies et qu'un
même idéal assemblaient.

J'insiste. Ces artistes ne furent pas les seuls qu'on
accusa, — le mot « accuser » est trop juste, — de suivre
Manet. En somme, son interprétation du plein air avait
frappé plus d'un chercheur. D'autres, mis sur la voie,
tentèrent de s'avancer de leur côté. Il en fut d'heureux.
Roll, Gervex, Bastien-Lepage, Cazin, Lhermitte, Haw-
kins ne sont pas non plus ses élèves. Mais qui prétendrait
qu'ils n'ont pas été éclairés par ses horizons ouverts et
ses rayons décomposés ? Ils n'ont pas pris son blaireau,
mais ils ont regardé avec sa lorgnette, et s'ils n'ont pas
toujours distingué les mêmes détails, ils ont, en la bra-
quant sur les végétations ou sur les anatomies, enve-

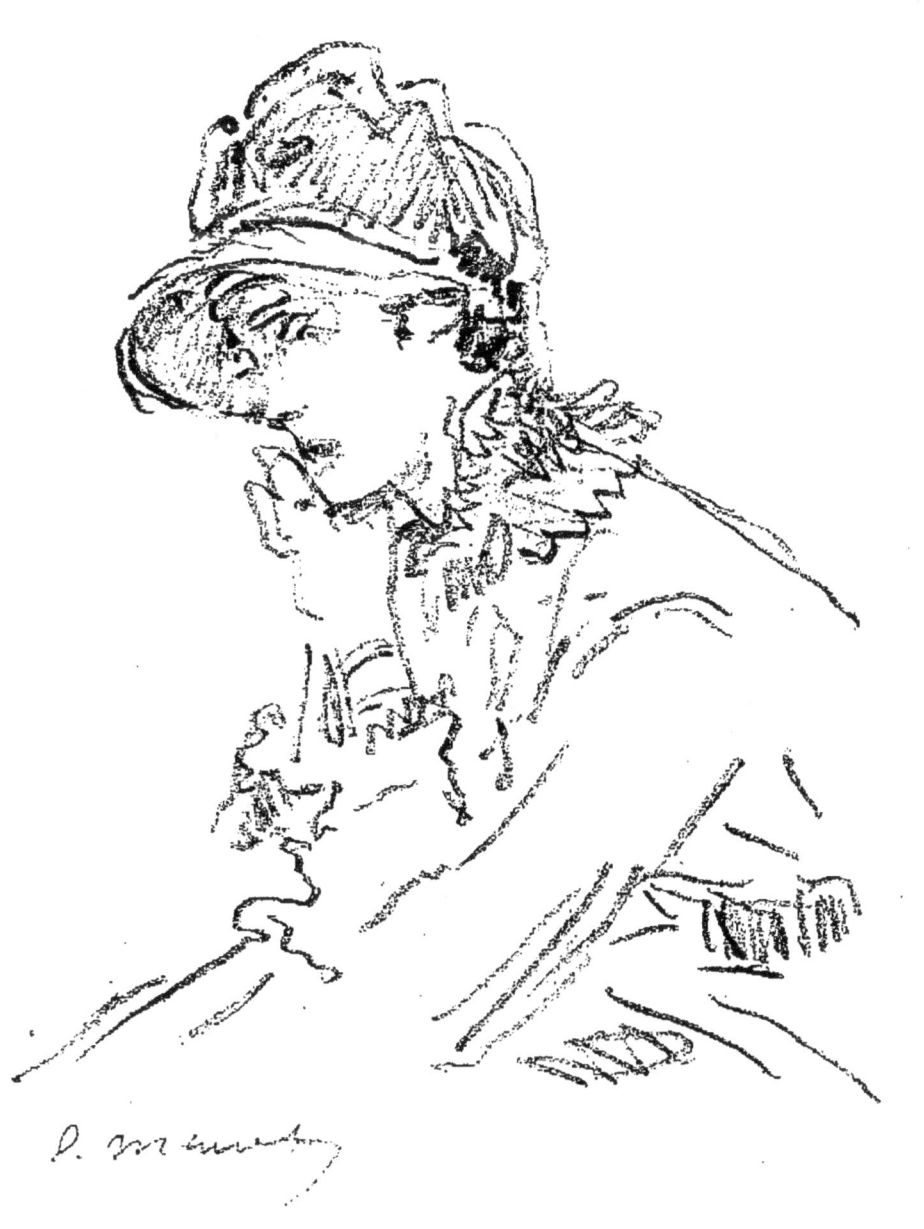

CROQUIS D'ÉDOUARD MANET.

loppé les mêmes ensembles. Bien des traits les rapprochent. Bien des traits les séparent. Chez ces exécutants si robustes, on constate une personnalité. Toutefois, la personnalité de Manet les accompagne.

Manet, réellement, n'eut qu'une élève, Mlle Éva Gonzalès. Il avait fait son portrait en 1870. Nous avons parlé de cette belle toile en un chapitre antérieur. Mlle Gonzalès, après avoir posé, écouta, travailla, se fit une esthétique nouvelle. Très douée, très habile, elle avait d'abord reçu l'enseignement de Chaplin, le passionné peintre des chairs languissantes et poudre-derizées. Aussi la stupéfaction fut-elle extrême, quand la jeune fille, qu'on savait assidue à son atelier, montra inopinément d'extraordinaires témoignages de force, de couleur, de précision. Dans son œuvre, rien ne s'abandonne; les contours sont nets et serrés; les colorations ne s'affadissent jamais. Elle a des nerfs calmes et des impressions sûres. Dès le début, en 1870, quand elle exposa l'*Enfant de troupe*. également nommé le *Clairon;* plus tard, avec l'*Indolence*. puis la *Loge d'Opéra*. elle se manifesta supérieurement. On se dit : « Mais qu'a donc fait Chaplin ? » On oublia de songer que Manet avait ajouté aux indications de l'efféminé enchanteur les rudesses justes de sa manière. Il y avait en Mlle Éva Gonzalès la combinaison de deux natures contraires, analysées par un esprit libre et serein, qui faisait de cet amalgame inattendu sortir une originalité.

Mlle Éva Gonzalès épousa M. Henri Guérard. Elle est morte, en 1883, cinq jours après son vrai maître; ses tableaux restent; ses pastels sont inoubliables; elle fit honneur à son guide, comme elle se fit honneur à elle-même, et, partie des mièvreries énervantes de

Chaplin, elle arriva, — par la longue étude et une saine
direction, — à fournir des notes énergiques, masculines,
humaines.

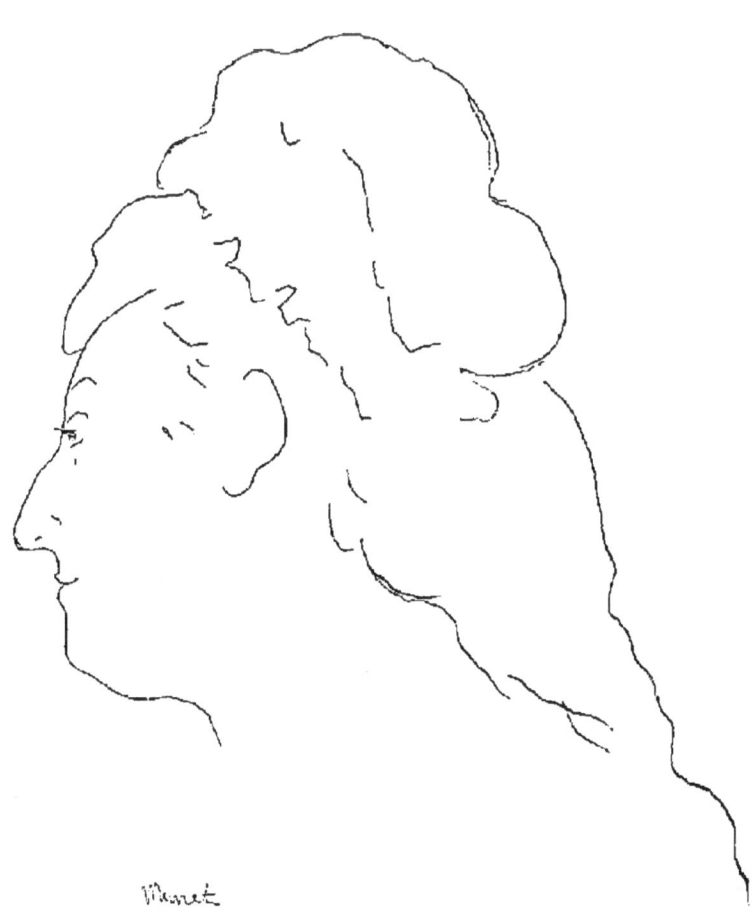

PORTRAIT DE Mlle E. G.

(Croquis de Manet.)

XVII

Le Bon bock.

Avec le *Combat du Kearsage et de l'Alabama*
nous avons vu des sympathies nouvelles se déclarer.
Avec *le Bon bock*, le mouvement fut presque général.
Hors quatre ou cinq loustics incorrigibles, toujours les
mêmes, et deux ou trois forcenés de l'idéal, il y eut
désarmement, et des applaudissements nourris montè-
rent de toutes parts. Les adversaires firent bien des res-
trictions, mais ils avouèrent qu'ils étaient frappés de la
puissance du peintre, et ils se rattrapèrent férocement
sur *le Repos,* exposé en même temps, et qui est pourtant d'une exquise saveur.

Ce fut un retentissant succès que le portrait de ce
buveur de bière, épanoui devant son verre et fumant
voluptueusement sa pipe. Il fut chanté sur tous les
modes, en prose, en vers, et la foule ne se détourna plus
avec horreur de la signature jusque-là anathématisée.

Lisez *le Petit Journal*, lisez *le Siècle*, lisez *le Natio-
nal*, lisez *le Temps* : partout la même satisfaction.

« Rien n'est plus intéressant, écrivait M. Drumont,
que de voir les artistes contestés en possession d'un
indiscutable succès, et ce succès, nous croyons que
M. Manet le tient cette année avec son *Bon bock*. »

« M. Manet, écrivait M. Castagnary, a fait un portrait qui se compose comme un tableau et qui exprime aussi par les traits saillants les mœurs du personnage représenté. Ce portrait, *le Bon bock,* a eu du succès, et il le méritait. Jamais M. Manet n'a mieux peint. Sa couleur conserve son harmonie, et son modelé prend une véritable puissance. »

« Les ignorants et les moqueurs, écrivait M. Paul Mantz, ont peut-être eu tort d'accueillir avec des terreurs si folles, avec de si amères railleries, les premières manifestations du talent de M. Manet. On est peu libéral dans ce pays-ci. On conteste à l'artiste le droit de choisir les méthodes qui, pour exprimer son rêve, lui paraissent devoir être préférées... Nous ne demandons pas que M. Manet soit nommé membre de l'Institut, mais nous disons qu'il n'est pas aussi noir qu'on l'a imaginé et que ce prétendu démoniaque, sorti de l'abîme pour faire peur aux enfants et aux femmes, est un peintre intéressant et distingué [1] ».

Eh ! mais, c'est un *meâ culpâ.*

Théodore de Banville fut ravi et le proclama : « M. Manet proteste contre ces fées du portrait, éclairées par des feux de Bengale, auxquelles on voudrait voir sur le front une étoile de strass, et, à la main, une baguette d'argent. Grisonnant, coiffé d'un bonnet de laine, la trogne rouge, les cheveux et la barbe dédaigneux du peigne, libre, joyeux, habillé à la diable, carrément assis dans son fauteuil, le buveur de M. Manet boit son bon bock, en fumant sa pipe de terre, et il n'y a qu'à

---

1. Voir page 36.

regarder ses lèvres sensuelles et ses yeux pétillants de
bon sens et d'esprit pour savoir le cas qu'il fait du *joli*
de convention et des théories alambiquées.

« Cela est fin, délicat, et charmant de couleur; c'est la
vérité même, saisie, à ce qu'on croirait, dans une heure
d'improvisation lumineuse, si l'on ne savait ce qu'il faut
de science et d'étude pour faire des œuvres qui semblent
ainsi être écloses spontanément et sans effort. »

Armand Silvestre s'écria : « Dans des siècles, on s'in-
téressera encore à ce bon vivant, au visage épanoui sous
une large casquette de loutre, qui, d'une main, tient son
verre où s'apaise la mousse d'une bière fraîchement tirée,
et de l'autre appuie sa pipe à ses lèvres pour en tirer une
large bouffée. Quelle béatitude céleste dans son regard,
qui perce les chairs rebondies de ses joues ! L'âme n'est
pas engloutie dans cet abîme de santé, et la pensée habite
cette face opulente. Les Hollandais n'ont pas fait mieux,
et ce morceau peut lutter avec les plus beaux portraits de
Raëburn, cet Anglais admirable. M. Manet a accompli
la dernière évolution de son talent chercheur et parfois
inquiétant. Il pourrait s'en tenir à cette page qu'il serait
sûr de laisser le nom d'un peintre. »

D'autres dirent : « C'est un Frans Hals ! » Car il est
des esprits pour qui un talent n'existe qu'à la condition
de rappeler un talent antérieur. Les moins favorables
confessèrent que Manet avait fait des progrès, qu'il se
rangeait et qu'il consentait à étudier. Affirmation un
peu risquée, que M. Gonzague Privat releva aussitôt :

« Autrefois, fit-il remarquer, on disait *Manet* et
Gagne! En 1873, on accorde enfin que Manet est un

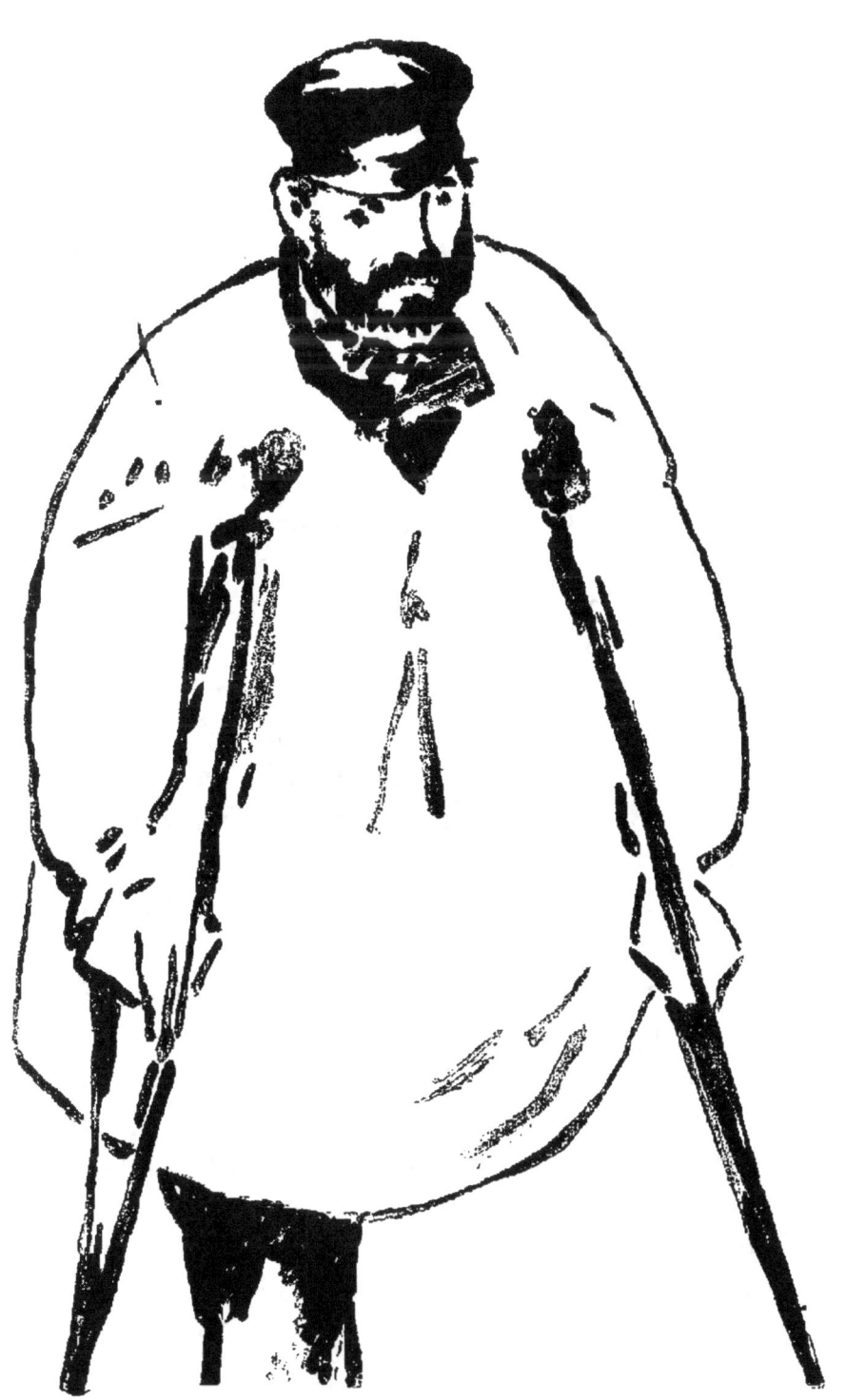

CROQUIS D'ÉDOUARD MANET.

peintre. Pourquoi en 1873 plutôt qu'en 1863? Depuis dix ans, Manet a toujours exposé des tableaux aussi remarquables que ceux-ci. *Le Bon bock* est-il préférable au charmant portrait de Mlle Éva Gonzalès?... Quoi qu'il en soit, la justice arrive et c'est une tradition chez elle d'arriver toujours en retard. »

Le Bon bock, ces citations le prouvent, fut fêté par la critique, et il faut s'enquérir beaucoup avant de trouver dans ce concert un faux accord. Sur le public, l'effet ne fut pas moindre. Il se prolongea. Le modèle, un excellent homme, graveur consciencieux, nommé Belot, devint du coup un personnage, et il ne regretta pas les quatre-vingts séances de « pose » que l'artiste avait exigées de sa condescendance. De fait, ce *Bon bock* est un portrait fidèle. Belot y vit. C'est sa bonne jovialité qui rit sur la toile. Il y a composition, mais il y a tout autant ressemblance. Le groupe des manettistes s'élargit considérablement, et il se fonda, en souvenir de l'événement, un dîner mensuel, le dîner du *Bon bock,* qui compte, certains soirs, plus de trois cents convives et que Belot préside. Une brasserie du quartier latin, en face du Luxembourg, prit le bon bock pour enseigne. Dans une revue jouée au Château-d'Eau, *Forte-en-Gueule,* le *Bon bock* fut incarné par un acteur nommé Francisque. Il est peu de tableaux qui aient fait pareil bruit dans le monde.

Du reste, le succès de Paris avait, au même moment, son pendant à Vienne, dans les galeries du Prater, où était accroché *le Liseur,* cette belle œuvre simple, sans recherche d'effets, qui est la synthèse de l'étude, comme *le Bon bock* est la synthèse de l'insouciance.

Je trouve du *Liseur* cette description de M. Max Maldier, dans *le Danube* :

« Un cabinet sombre ; un homme assis sur un fauteuil à dossier lisse est penché. La tête est creusée par les profondes pensées. La main droite, nerveuse et maigre, serre la tranche rouge du livre à demi soulevé, sur lequel son attention se concentre ; le liseur est vêtu avec la négligence du savant ; son buste étriqué et pauvre semble formé de deux coups de pinceau, bien que le corps vive sous la chemise blanche que recouvre la courte vareuse. Une atmosphère épaisse l'entoure. Le travail est là chez lui. Il s'échappe de cet isolement un parfum d'érudition. Tout ceci est tracé sobrement, dans une tonalité grise, où tous les gris prennent une valeur, sans recherche d'objets étrangers au sujet ni de symétries inutiles. »

Les Autrichiens s'étonnaient singulièrement, — et ils n'avaient pas tort, — en considérant cette œuvre si calme, des tempêtes parisiennes soulevées contre son auteur. De loin, en effet, la signification en était malaisée à saisir. Il est nécessaire, pour se les expliquer, de se promener quai Malaquais.

XVIII

Nouvelles hostilités.

Une revanche était nécessaire aux ennemis. 1873 avait
été trop favorable. *Le Bon bock* gênait. On se rejeta sur
le *Chemin de fer*. Une jeune femme et un enfant, regar-
dant, à travers les hautes grilles du pont de l'Europe, un
train qui rentrait, cela parut un sujet audacieux. Vainement, quelques écrivains expliquèrent que ce groupe
était naturel et que de tels événements se produisaient.
On se récria. Des méticuleux attaquèrent le titre. Le
Chemin de fer! — Pourquoi le chemin de fer? De la
fumée au loin, un mouvement endiablé dans la perspective, cela n'indique pas, à ce qu'ils prétendaient, un em-
barcadère. La locomotive est absente. Nous admettons
ceci, nous admettons cela; cette nuque est charmante,
ces cheveux blonds sont merveilleusement bouclés. La
gouvernante a des attitudes irréprochables. — Oui, mais,
où est la machine? où sont les voyageurs?

L'énormité des sottises débitées à propos de ce
tableau dépasse toute vraisemblance. Ceux qui le défen-
daient passaient pour excentriques, Armand Silvestre en
tête, cet Armand Silvestre qui juge avec ses yeux, avec
son tempérament, avec son expansive exubérance. — Il
est vrai que le *Polichinelle* fut très choyé dans les cercles
restreints. On le trouva charmant, bien campé, sans gêne

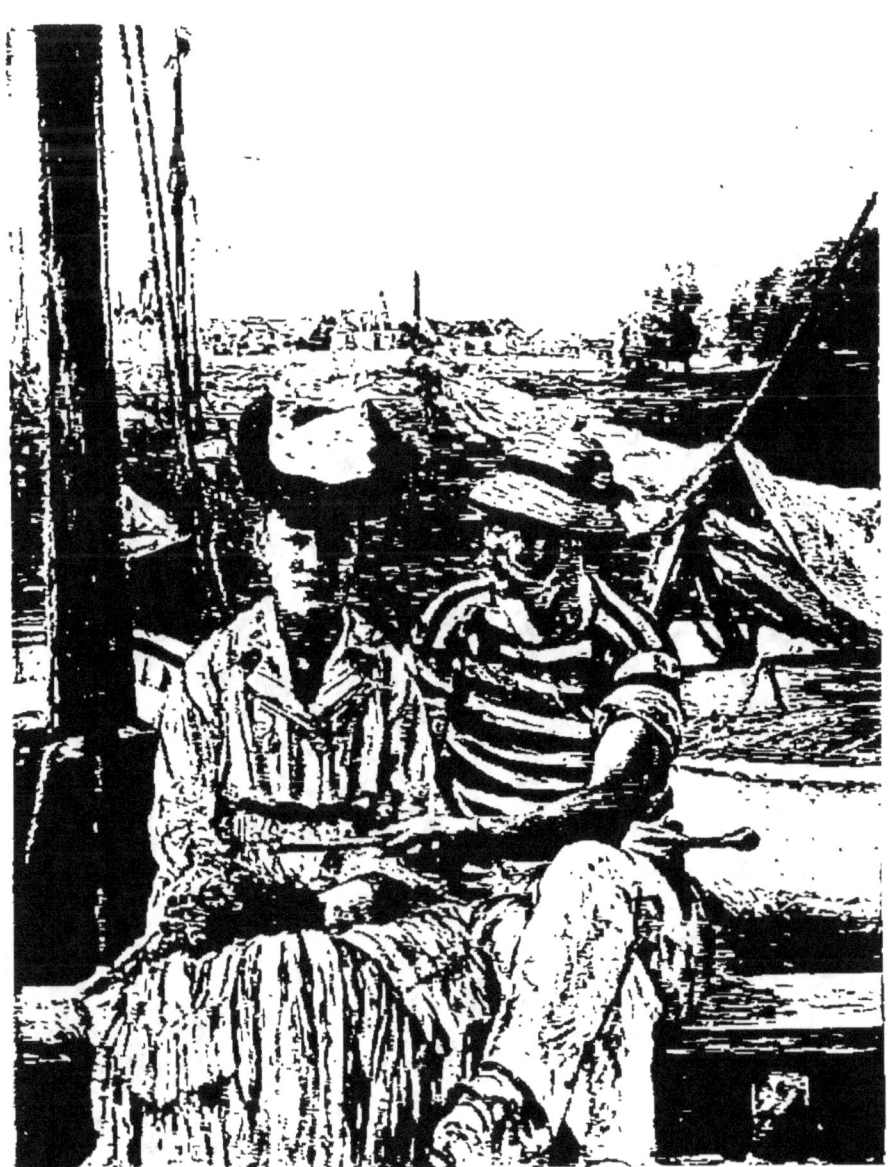

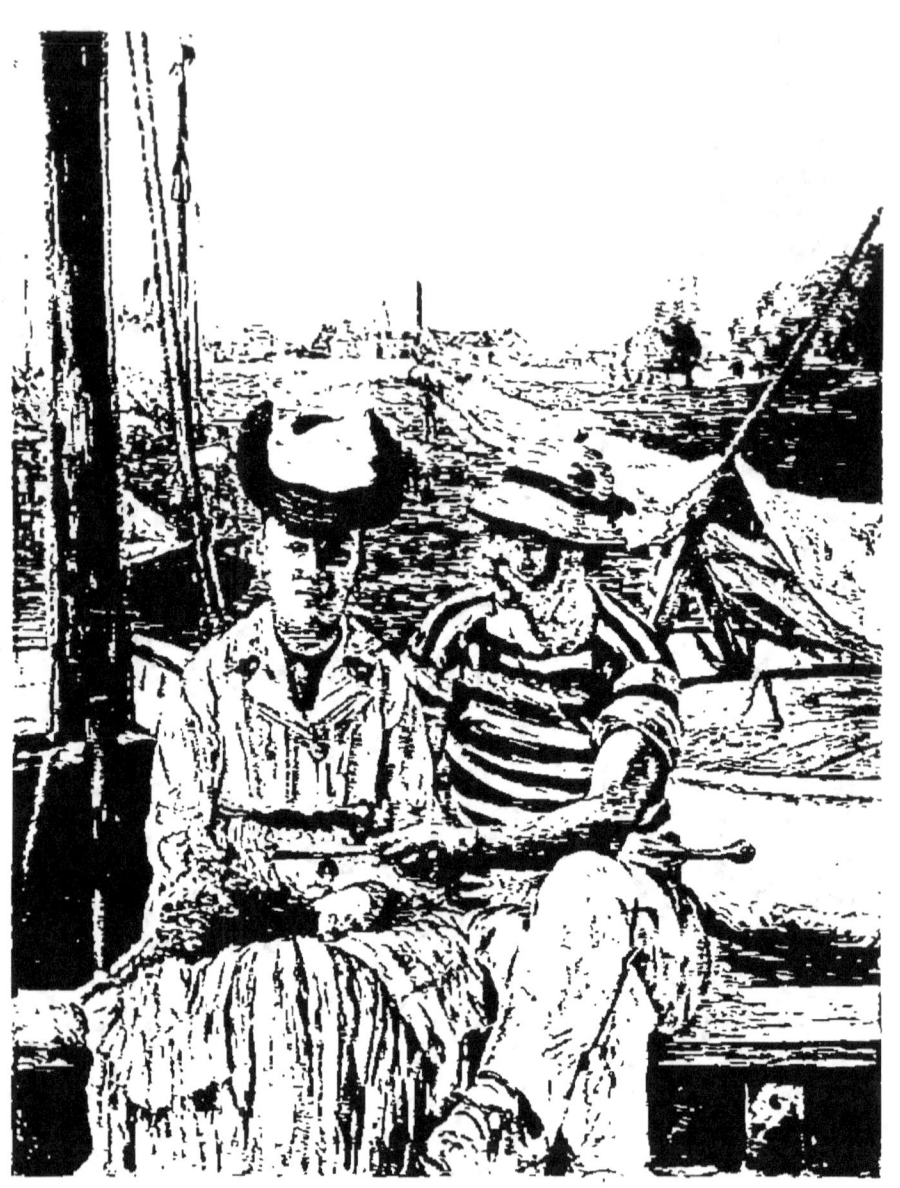

et non sans élégance. Ce Polichinelle n'est pas Italien, il est bien Français. Il a le costume ou le déguisement du *pupazzo*. Il n'est cependant pas du tout étranger. Le modèle est parmi nous, ce n'est pas contestable. Il a ses brutalités et ses insolences ; ses insolences et ses brutalités n'ont point franchi les Alpes.

Manet, ayant esquissé ses dessins, eut l'idée de se faire commenter par un poète, et il institua un concours entre tous ceux qui rimaient. *Maximum :* un quatrain ; *minimum :* un distique. Les envois furent innombrables. Polichinelle fut décrit par une quantité imprévue de poètes volontaires.

Hélas ! aucun de ces concurrents n'eut l'inspiration rêvée ; Manet se résigna à ne couronner personne et à prier Théodore de Banville de suppléer à l'infécondité de ses contemporains.

De là, ces deux vers, qu'on lut et qu'on lira sous le *Polichinelle,* et qui sont dus au fantaisiste adorable des *Odes funambulesques* [1] :

> Féroce et rose, avec du feu dans la prunelle,
> Effronté, saoul, divin, c'est lui, Polichinelle !

Argenteuil, en 1875, suscita de plus violents « holà ! » que, depuis dix années, on n'en avait entendu. Un canotier et une canotière, au bord de la Seine où se reflètent les azurs du ciel, bavardent amoureusement. Ils ont le négligé vêtement des coureurs d'eau douce. Au fond, un village plein de fraîcheurs justes et de perspectives étudiées. C'est tout un paysage, résumé en des

---

1. Le Polichinelle a été édité depuis. La lithographie gouachée est populaire ; elle a figuré à plusieurs expositions.

traits rapides et sûrs. Un bateau à voiles coupe l'horizon.
Telle est la scène. Est-ce effroyable? Est-ce dangereux

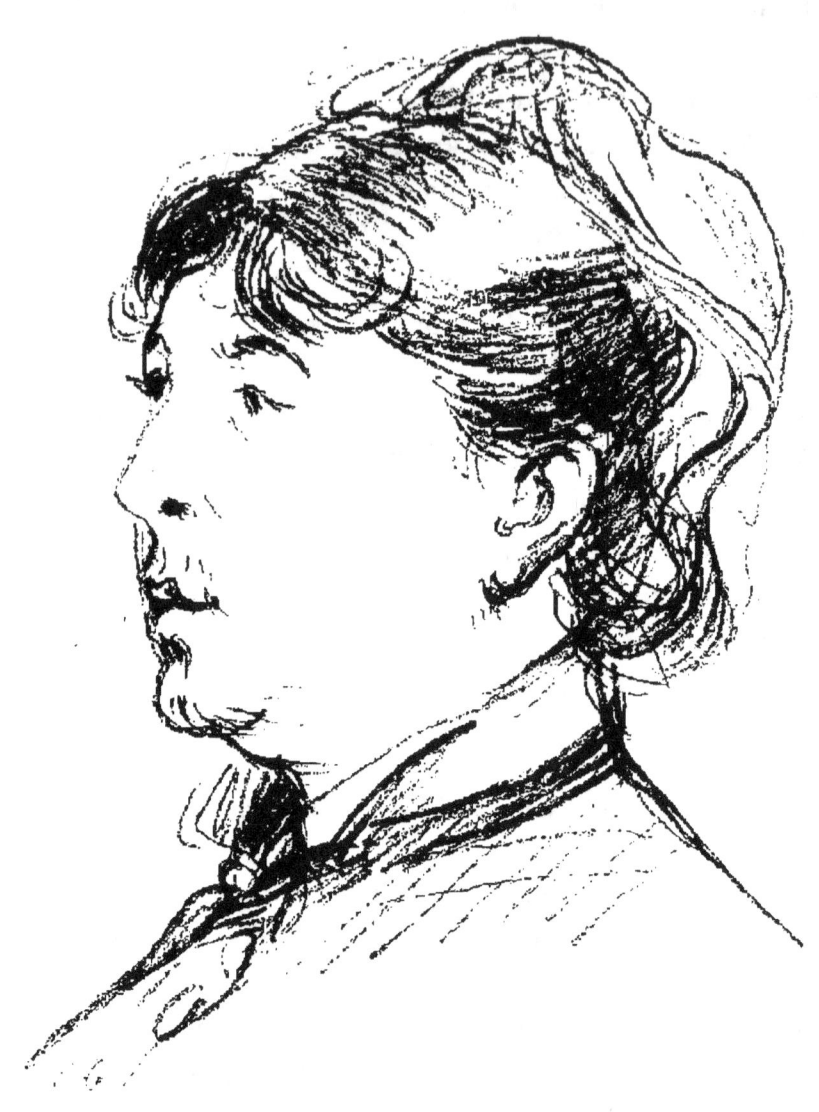

CROQUIS D'ÉDOUARD MANET.

pour la sûreté publique et riveraine? Néanmoins, on
s'emporta. Les plus réservés bondirent. De gros mots

furent lâchés, Manet fut traité de pitre, d'étudiant de vingtième année. Voir la nature, ça coûte très cher.

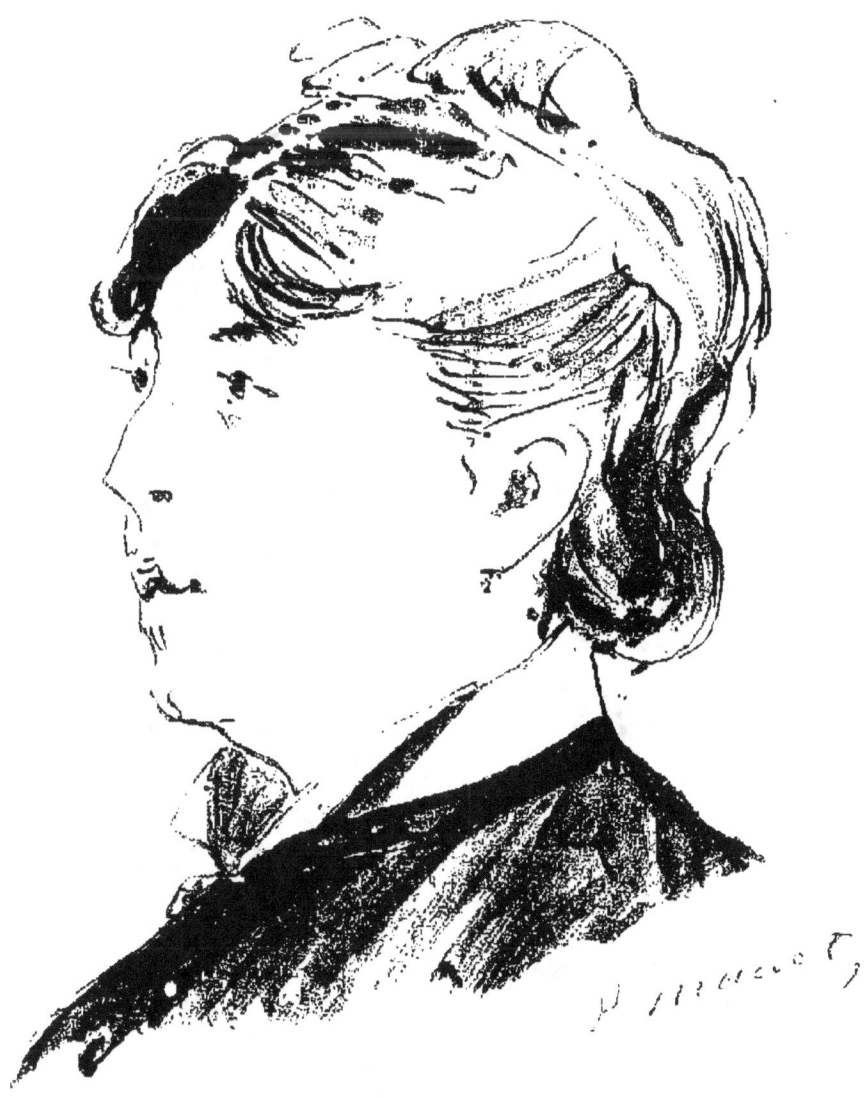

CROQUIS D'ÉDOUARD MANET.

Parallèlement, Manet éprouvait d'autres déceptions. Les « impressionnistes » avaient organisé une exhibition

spéciale, et, comme on le supposait leur chef, on s'étonna de son abstention. La vérité, c'est que Manet aimait la lutte avec les adversaires avérés, et non l'encens dans les

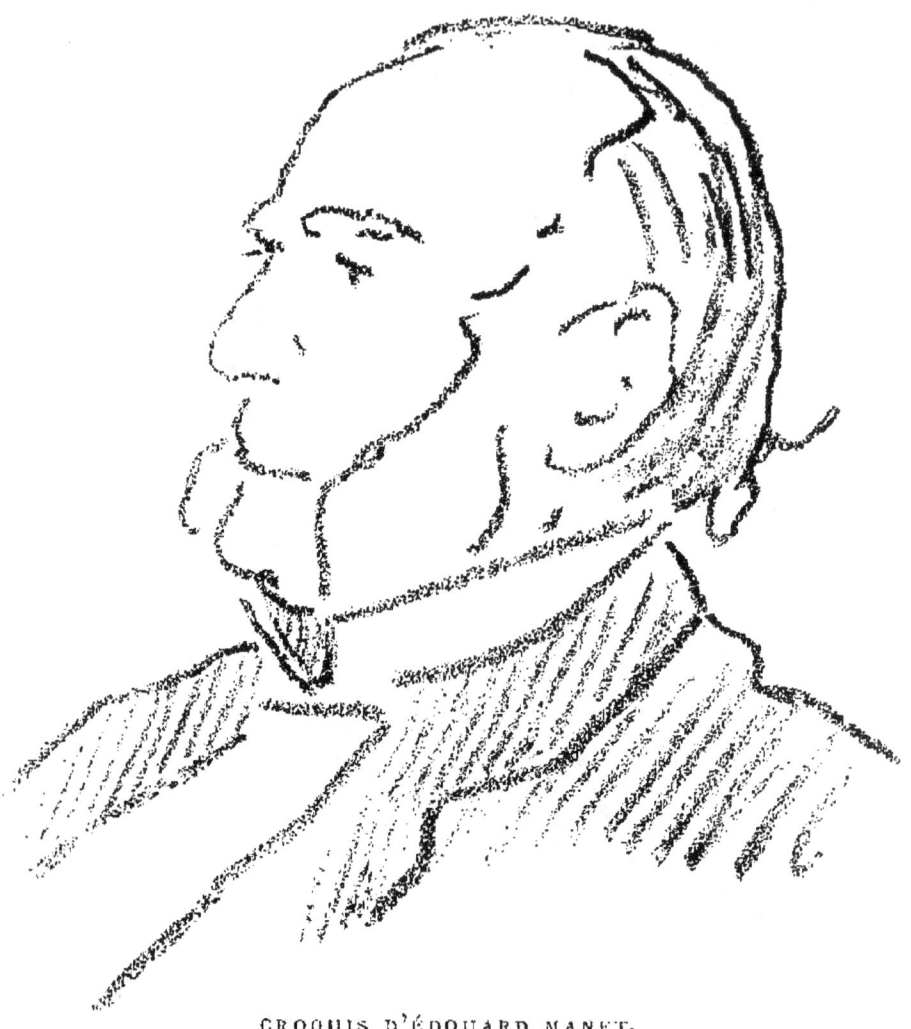

CROQUIS D'ÉDOUARD MANET.

petits cénacles intimes. Il eût rêvé de combattre, avec l'armée qui marchait derrière lui, en face des bataillons encroûtés du passé. Il proposa l'assaut. Nul n'acquiesça. On s'en alla, boulevard des Capucines ou rue Laffitte, se

cantonner pour un personnel élu de visiteurs. Courir au-
devant des faveurs du Salon, à quoi bon? objectaient les
jeunes. Et, délaissé, Manet les affrontait. Lâcheur, pré-
tendait-on. Lâcheur, non ; lâché, oui.

XIX

Exposition particulière.

Depuis bien longtemps, — près de neuf années, — Manet n'avait plus essuyé de refus. Les jurys s'étaient inclinés devant sa persistance et le toléraient. Il y avait toujours des votes contre son admission; mais la majorité, avec ou sans arrière-pensée, lui accordait l'accès du sanctuaire. En 1876, la réaction, qui semblait apaisée, reprit ses vieilles armes, lutta et l'emporta.

Deux toiles étaient soumises : *le Linge* et *l'Artiste*. Ce sont, incontestablement, deux des meilleures de Manet.

La première représente le fond d'un jardin, un fouillis d'arbres piqué de fleurs, — soleils, géraniums, œillets, roses et marguerites, — sur lesquels passent les chaleurs de l'été. Une corde tendue soutient les serviettes qui sèchent et qui coupent la verdure par de larges plaques d'un blanc bleuté. Dans ce débordement de sève et d'effluves brûlants, une jeune femme, en robe de toile bleue flottante, la tête protégée par un chapeau panier, tord son linge au-dessus d'un baquet placé sur une chaise. En face d'elle, un baby, tout droit, curieux, s'accroche à l'anse, considérant sa mère de ses yeux grands ouverts. Il est aussi coiffé d'une paille d'où s'échappent des touffes de cheveux blonds. La lumière filtre de tous côtés et l'air tiède monte et s'épand. On sent que le ciel est embrasé et que la terre est chaude.

La seconde représente Desboutins, le célèbre graveur

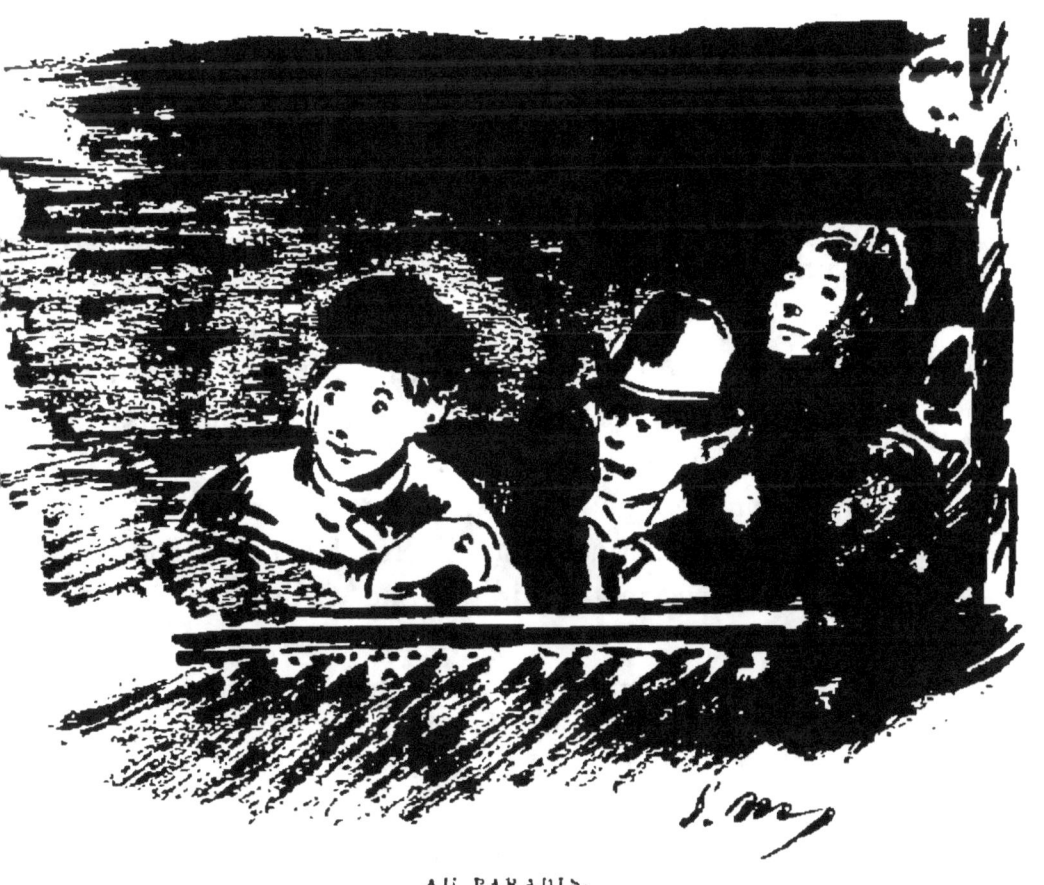

AU PARADIS.

(Dessin d'Édouard Manet.)

à la pointe sèche; sa tête caractéristique renseigne mieux que le cartouche, qui ne le nomme pas. Il est debout, bourrant sa pipe lentement, et il est si vivant qu'on croirait qu'il va sortir de ses lèvres entr'ouvertes une de ces italiennes apostrophes qu'il aime à lancer d'une forte voix, tandis qu'à ses pieds un lévrier se glisse. Il est sim-

plement construit, tel qu'il est, sans arrangements qui
déroutent. C'est Desboutins lui-même.

Quand les examinateurs passèrent, une discussion vive
s'éleva. L'un d'eux s'écria :

— Il n'en faut plus. Nous avons donné dix ans à
M. Manet pour s'amender. Il ne s'amende pas. Refusé !

— Refusons-le, répliqua un collègue. Qu'il reste seul
avec ses deux tableaux.

Et le scrutin s'ouvrit, et Manet fut proscrit. Les deux
interlocuteurs, dont on vient d'écouter la courte conver-
sation, triomphèrent des hésitants. Il est vrai qu'ils ne
triomphèrent que là. Tout Paris sut leur haineuse sortie,
répéta leurs noms, et des blâmes sanglants leur furent
décernés. Récompense équitable.

Puis, comme à tout propos, chez nous, le rire éclate,
on plaisanta. Manet fut baptisé l'« Invalidé ». Les fables-
express commençaient à faire fortune. Celle-ci circula :

Édouard Manet n'a rien : c'est bien facile à voir.

MORALITÉ.

On ne peut pas tout avoir.

Les protestations furent nombreuses, il faut le reconnaître. La *Gazette de France* approuva ; mais isolément.
On prédit aux expulseurs que leur fantaisie leur coûterait
gros. En somme, si l'on s'acharnait à exclure un tel
talent, c'est qu'on avait peur de son voisinage. Les articles indignés emplirent les journaux, et les lettres affluè-
rent chez le persécuté. Il en est une d'un magistrat qui
fit parler de lui en ces dernières années, et qui me

paraît bien résumer tout ce qu'un spectateur sage de cette guerre odieuse devait penser. J'en extrais ces lignes :

Versailles, 15 avril 1876.

... L'arrêt du jury me cause une grande pitié. L'ignorance et l'intolérance des beaux-esprits français s'y manifestent en toute leur sottise, comme en bien d'autres matières.

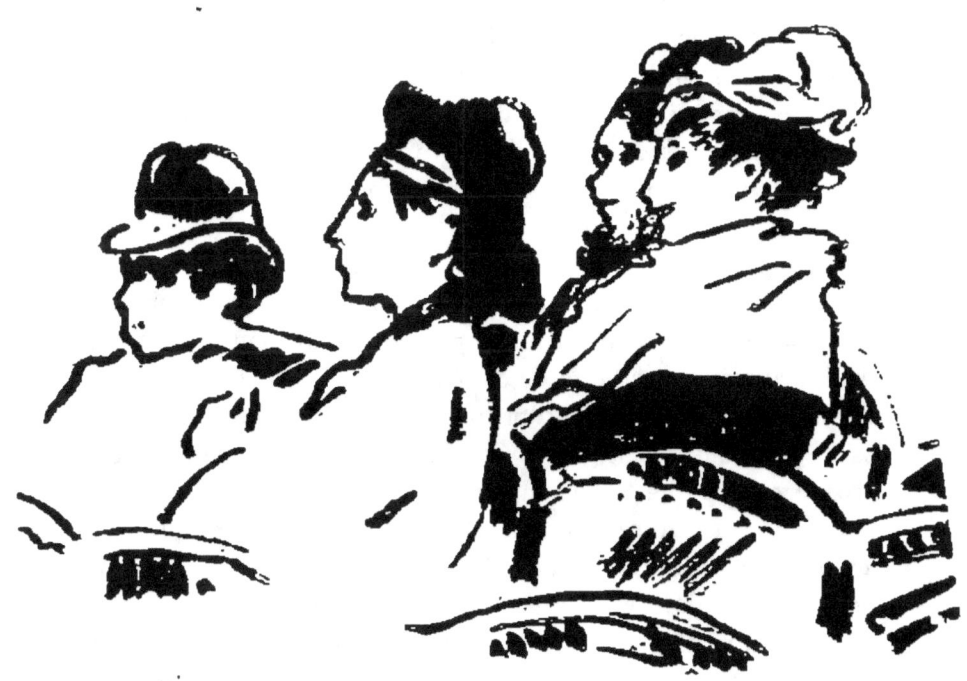

CROQUIS D'ÉDOUARD MANET.

... Le vrai principe de tous les arts d'imitation est celui-ci : l'idéal, c'est la vérité ! Cependant on renverse la proposition, et, au lieu de s'appliquer à atteindre la vérité, on fait consister le talent par excellence à la déguiser, et, au lieu d'imiter la nature avec conscience, on s'accorde bêtement à la corriger ou à la travestir.

... Nous nous moquons de l'art chinois et de la tradition byzantine, que faisons-nous pourtant, si ce n'est de la chinoiserie et du byzantinisme ?

Si les opticiens adoptaient la logique des artistes français, ils décréteraient l'unité de verre et de numéro pour toutes les vues, myopes ou presbytes.

Les maîtres flamands, qui ont eu le sentiment le plus puissant du vrai, du réel, n'ont créé leurs chefs-d'œuvre qu'en faisant comme ils voyaient, avec indépendance et sincérité, sans tâcher de ressembler à un autre maître, quelque succès que celui-ci eût obtenu dans ses procédés.

Vous reprenez une tradition longtemps interrompue et vous faites échec à bien des gens. De là, tant de colère parmi les artistes et tant d'hésitations dans le public bourgeois. Votre devise est à la fois digne d'un grand peintre et d'un philosophe ; mais, par malheur, vos contemporains en ont choisi une toute contraire.

Dans l'espèce, comme on dit au Palais, le jury s'est fait tort en vous faisant grief ; il a excédé son droit. Vous connaissez la charpente humaine et la myologie comme un bon anatomiste ; vos figures sont sans faute de construction ; les muscles y jouent la fonction qui leur est propre ; vous indiquez les os sous les tissus ; par conséquent, votre dessin est correct. Votre couleur déconcerte quelquefois les habitudes acquises ; ainsi, je le confesse, j'ai pris votre Argenteuil pour la Méditerranée. Mais Ingres et Delacroix, chacun à leur pôle, n'ont-ils pas aussi déconcerté le public ? Vos figures étant dans le mouvement et dans l'expression voulus, vos accessoires et vos draperies faisant illusion comme des trompe-l'œil, votre couleur étant franche et sincère, nul n'a le droit de vous proscrire. Le jury est libre de dire : Je n'aime pas Manet. Il ne l'est pas de crier : A bas Manet ! A la porte, Manet !

Fortifié par les marques de sympathie qui de toutes parts lui arrivaient, Manet prit une résolution hardie : il en appela au public de la condamnation prononcée. Il ouvrit à deux battants les huis de son atelier et installa, dans la rue de Saint-Pétersbourg, une concurrence au palais de l'Industrie. On y accourut. Ce fut une procession. On s'arrachait les invitations, qui portaient cette

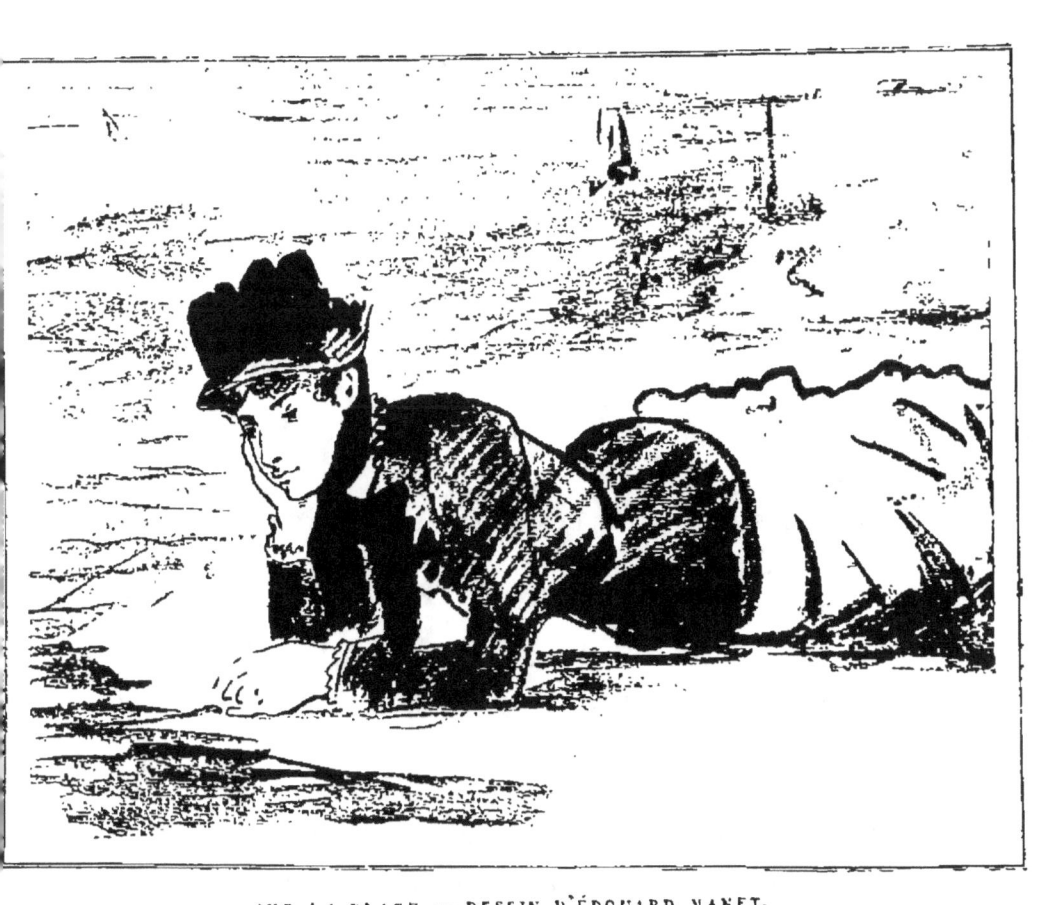

SUR LA PLAGE. — DESSIN D'ÉDOUARD MANET.

devise philosophique : *Faire vrai, laisser dire.* Les journaux firent des comptes rendus, entamèrent des polémiques. On s'ingénia à chercher des apophthegmes plaisants.
A l'entrée, un registre était ouvert, où le visiteur était
engagé à griffonner ses observations. Il y en eut de bien
saugrenues :

« L'imitation stricte de la nature est de l'art barbare,
le triomphe des Chinois. »

Plus loin :

« C'est de la photographie ! »

Et au-dessous :

« Chinoise ? »

C'était faible, avouez-le. Soyez méchants ; mais ne
soyez pas bêtes.

Était-il bien spirituel, celui qui traçait un « Vive
Bismarck ! »

Un plaisant s'amusa beaucoup de cette profonde pensée :

« Je réserve toute mon admiration pour les admirateurs de Manet. »

Un autre trouva cette finesse :

« Manet a raison. Il faut toujours laver son linge
sale en famille. »

Cham, qui pourtant n'était pas un ami, et qui dépensait volontiers les flèches de son carquois à transpercer le jeune maître, laissa échapper cet hommage :

« M. Manet a toujours marqué son linge et jamais
démarqué celui des autres. Une qualité de nos jours. »

A côté de cela, des hommages enthousiastes. Telle
cette improvisation du poète Paul Avenel :

Sous ton pinceau puissant on sent que l'art renaît.
On y trouve le Vrai, la Couleur et la Vie.

Du meilleur des jurys, sache-le bien, Manet :
Les envieux mourront, mais non jamais l'envie.

Maximes, railleries, absurdités, louanges, tout se confondit sur les feuillets blancs du gros livre. Les insultes n'en furent pas bannies non plus, vous le supposez bien. Et même les insultes lâches, non seulement anonymes, mais masquées. On outrageait bravement — et l'on signait du nom d'un innocent. Le fait se présenta à plusieurs reprises. Sous une indigne grossièreté s'étalait le paraphe authentique d'un homme de goût. Impossible ! Par quelle aberration ?

Ce billet de Tony Révillon indique la méthode employée :

Monsieur,

Vous avez eu la courtoisie de m'envoyer une carte d'entrée pour votre exposition ; j'y suis allé hier, et j'ai écrit mon nom sur le livre de vos visiteurs. On m'apprend qu'un mauvais plaisant a écrit au-dessus une phrase inconvenante que j'aurais l'air d'avoir signée. En attendant que j'aille l'effacer moi-même en revoyant votre œuvre, veuillez recevoir l'assurance de ma plus haute sympathie.

Tony Révillon

Tous les engins étaient bons pour les rancunes et pour les envies : un faux n'effarouchait pas.

La vérité, c'est que cette téméraire et fière expérience fut une victoire pour Manet et une honte pour le jury. Il ne manqua pas d'intéressés qui approuvèrent la vengeance des classiques, mais ce fut la minorité. On ne riait plus. On analysait, et cette question se posait aux plus rétifs et aux plus formalistes : « En quoi le *Linge* et

Desboutins sont-ils moins acceptables qu'*Argenteuil*
ou *le Bon bock?* » Bien plus, quand on avait une grossièreté sur les lèvres ou bien au bout des ongles, on ne
se privait pas de l'écrire ; seulement on la signait du nom
de son voisin.

X X

Hamlet et Nana.

On avait été si loin qu'on recula. L'*Hamlet* fut
admis. Il est vrai que l'administration se rattrapa en le
reléguant à des hauteurs seulement accessibles aux presbytes. Toutefois, c'était une concession : à coup sûr, cet
Hamlet n'est pas classique ; mais il est poussé plus loin
que beaucoup d'autres morceaux sortis de la même palette. Le dessin en est extrêmement serré, les contours
en sont précis. Regardez ces jambes nerveuses, tendues,
les reflets du pourpoint noir, l'envergure des bras, la
vérité du geste... « Eh ! me répond M. Jules Comte, je
ne vois qu'une tête en bois, sur laquelle se plaque une
barbe postiche, dont la bouche ouverte crie ridiculement,
dont les gros yeux ressemblent à deux boules plus rondes
qu'éclairées... » Je sais qu'on reprocha à cet Hamlet de
n'être pas shakespearien, de heurter les traditions. Je le
sais et j'en conviens. Seulement, je n'ignore pas non plus
que ce n'est pas Hamlet que le peintre nous livra, mais un
interprète d'Hamlet, M. Faure, qui chante la musique
d'Ambroise Thomas, et je ne puis me fâcher en retrou-
vant dans ce portrait l'attitude, l'élan, l'effort même du
modèle, envoyant à pleine voix aux frises les notes du
compositeur. Est-ce l'impression juste qu'il fallait rendre
et ne préférez-vous pas cette physionomie vivante de

l'acteur populaire travesti à quelque image idéale d'un Hamlet de fantaisie, que le génie anglais répudierait?

La même année, Manet avait également présenté *Nana*. Mais la pudeur, la décence, la chasteté, toutes les vertus dont fait preuve M. Bouguereau, en imaginant des déesses nues en crème fouettée, ne permirent pas de donner asile à cette créature parisienne et moderne. Du moins, ce furent les convenances — ce gros mot! — qu'on invoqua pour justifier son ostracisme. On n'y perdit rien. *Nana* se rendit chez Giroux, où put la voir qui voulut. C'est toute une merveille d'élégance effrontée : très cambrée dans son corset de satin azuré, que dépasse fort peu par le haut et pas beaucoup par le bas la mousseline de la chemise, les jambes logées en des bas gris perle et le pied posé hardiment, la jeune femme blonde se fait les lèvres et tient la houppette à la poudre. Elle est placée devant un miroir, mais néglige de se regarder, pour écouter, impertinemment, les propos d'un galant assis sur un canapé grenat, dont la silhouette sort tout juste du cadre. Au fond, une tenture japonaise très éclairée, où se pavane une grue dans une campagne verte, met en relief les personnages. Il est impossible de rêver plus de légèreté dans l'exécution, plus de sûreté dans le dessin. Il y a des tons fins de pastel, des transparences délicieuses, à côté de morceaux puissants de couleur. Les chairs sont fermes et rosées. C'est charmant, et je me demande par quel détail les plus bégueules eussent été choqués. Des nymphes s'offrant à des satyres, très bien. Une jolie fille en déshabillé, défendu! On regretta la présence du visiteur, qui ne parut pas nécessaire. Je partage cette opinion. Le visiteur fut ajouté après coup, m'a-t-on assuré. Le sujet n'avait pas

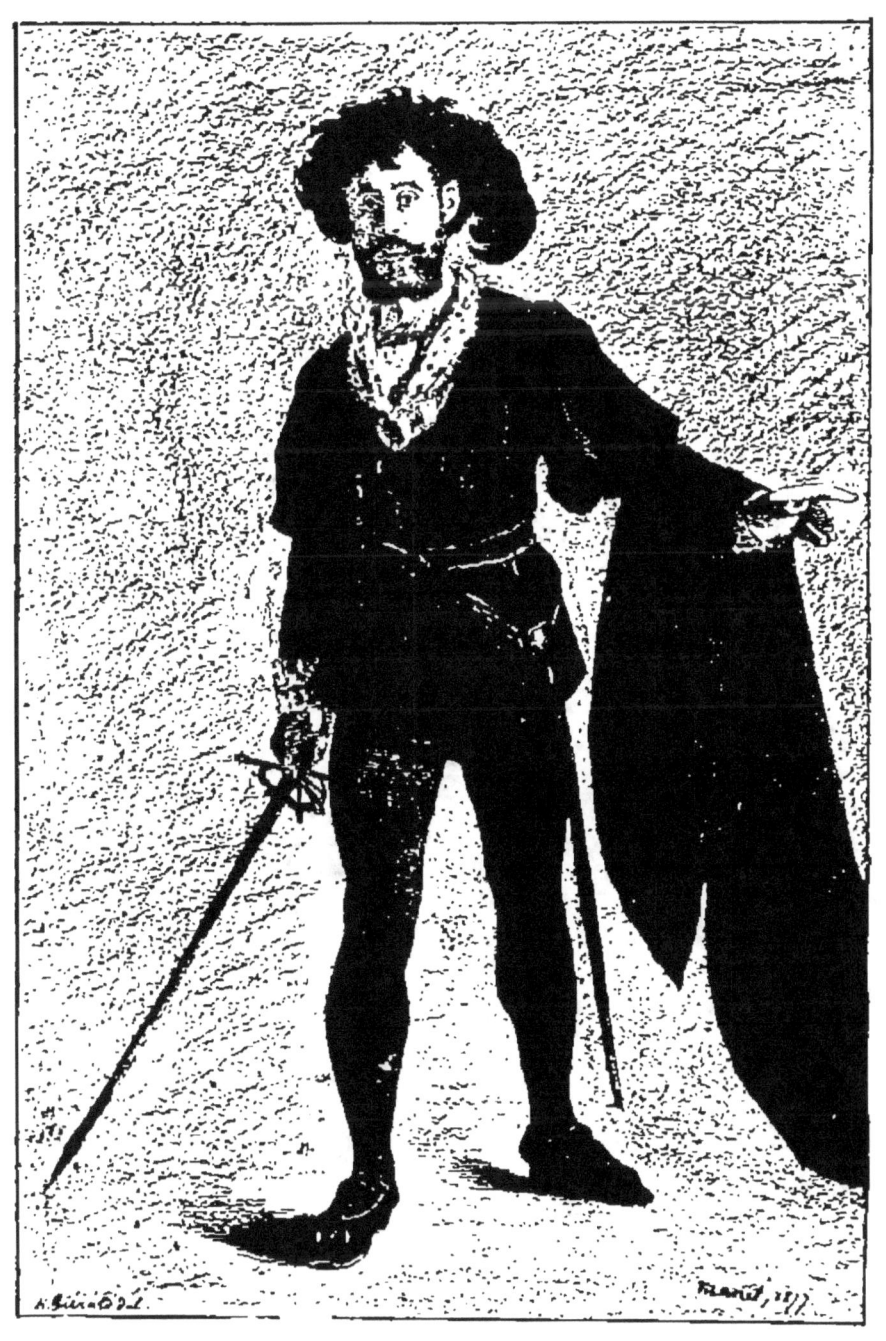

PORTRAIT DE FAURE DANS HAMLET.

(Dessin de Guérard d'après le tableau de Manet.)

besoin de cette addition. Il n'en est qu'alourdi, et la
pose agaçante de la coquette, privée de ce parasite, ne
se fût pas moins expliquée. Quoi qu'il en soit, le refus
de *Nana* était une nouvelle absurdité.

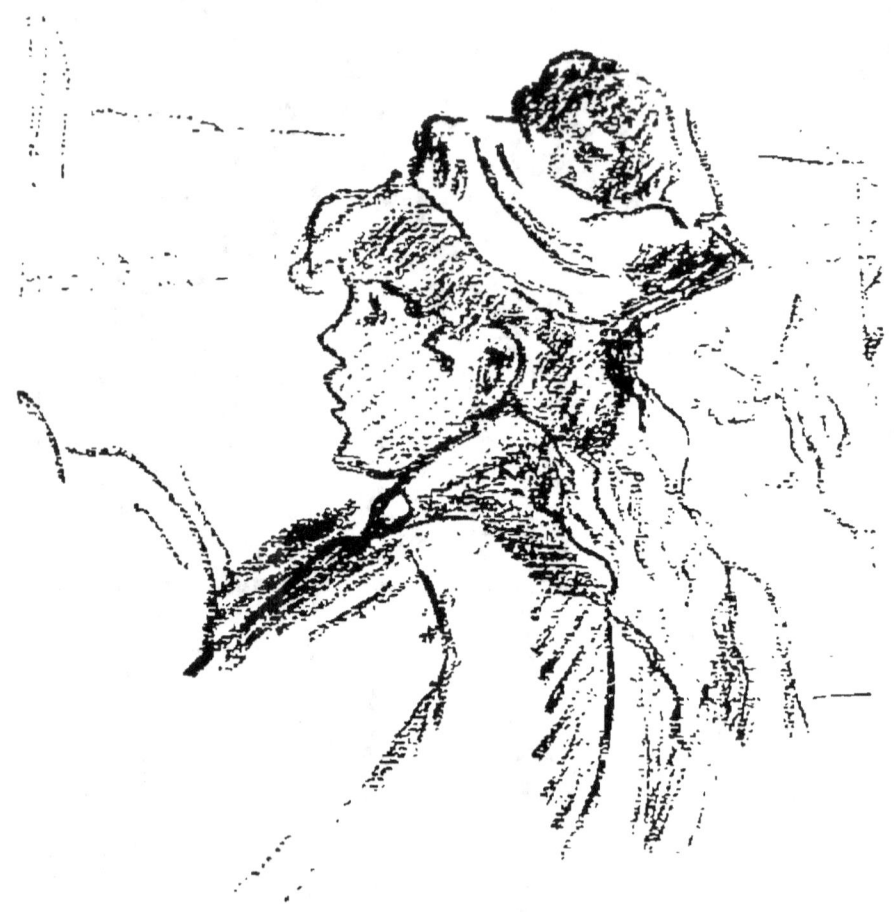

CROQUIS D'ÉDOUARD MANET.

Ce n'était pas la dernière.

L'Exposition universelle de 1878 transféra le Salon
au Champ de Mars, comme celle de 1867. Des comités
spéciaux opérèrent un triage méticuleux pour exhiber
aux internationaux une moyenne raisonnable. Manet fut

éliminé : c'était à prévoir. Il eut l'idée de recommencer l'expérience ancienne du pont de l'Alma. Il rédigea même un catalogue qui contenait cent numéros, et pour lequel il avait choisi cette célèbre devise : *Il faut être mille ou seul.* Au dernier moment il renonça à cette idée, et l'Institut en fut pour une alerte.

XXI

La Médaille.

A partir de là, les exclusions cessent. Le jury,
transformé par l'introduction d'électeurs jeunes, se
soumet. Manet ne sera plus un refusé. Le public se
divise en deux camps à peu près égaux : ceux qui ne
comprennent pas, à droite ; ceux qui comprennent, à
gauche. Les obstinations s'éclaircissent — en s'éclairant.
On se fâche encore, mais moins. *Dans la serre* ne sus-
cite plus de révoltes. On reconnaît du charme à ce groupe
bien composé, qui converse sous les feuillages exotiques,
et la Seine a beau être bleue, dans la toile intitulée
En bateau, on s'y est fait ; peut-être, depuis *Argenteuil,*
a-t-on pris la peine de contempler la nature et a-t-on
gardé, dans la prunelle, le souvenir de ses leçons. S'il
subsiste des partis pris chez nombre de spectateurs, nombre de spectateurs aussi avouent qu'ils ont vu l'eau s'azu-
rer, à certaines heures de l'après-midi, et l'air s'évader
de l'horizon, et les plans se presser les uns sur les
autres, sans qu'à une distance indéterminée les inter-
valles se trahissent.

Vint le portrait de M. Antonin Proust ; on le reconnut. On alla vers lui avec empressement. De loin, on
était attiré. « Ah ! un bon portrait, qui sort bien ! » On
s'approchait : « C'est de Manet ! » Et les naïfs avaient

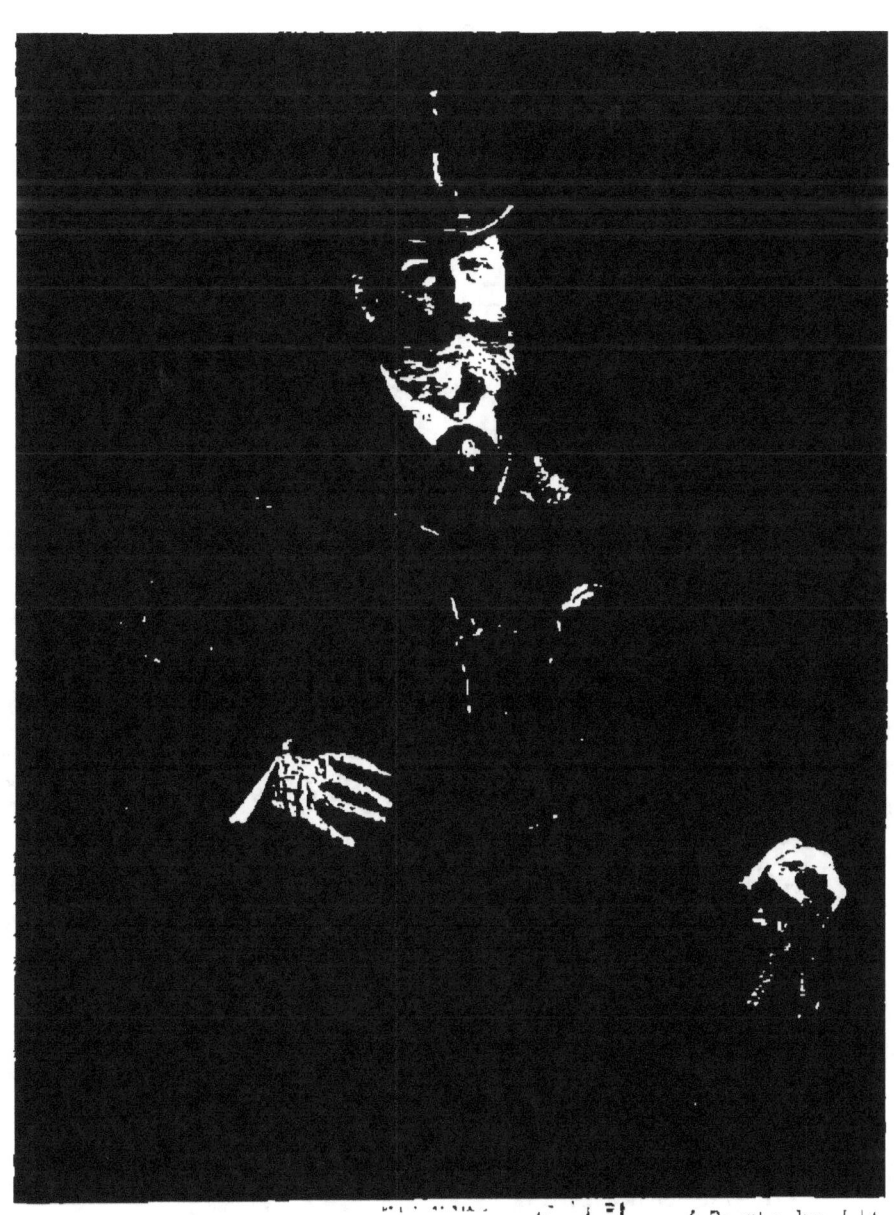

PORTRAIT DE M. ANTONIN PROUST
d'après le tableau de Manet

XXI

La Médaille.

A partir de là, les exclusions cessent. Le jury,
transformé par l'introduction d'électeurs jeunes, se
soumet. Manet ne sera plus un refusé. Le public se
divise en deux camps à peu près égaux : ceux qui ne
comprennent pas, à droite; ceux qui comprennent, à
gauche. Les obstinations s'éclaircissent — en s'éclairant.
On se fâche encore, mais moins. *Dans la serre* ne sus-
cite plus de révoltes. On reconnaît du charme à ce groupe
bien composé, qui converse sous les feuillages exotiques,
et la Seine a beau être bleue, dans la toile intitulée
En bateau, on s'y est fait; peut-être, depuis *Argenteuil*,
a-t-on pris la peine de contempler la nature et a-t-on
gardé, dans la prunelle, le souvenir de ses leçons. S'il
subsiste des partis pris chez nombre de spectateurs, nombre de spectateurs aussi avouent qu'ils ont vu l'eau s'azu-
rer, à certaines heures de l'après-midi, et l'air s'évader
de l'horizon, et les plans se presser les uns sur les
autres, sans qu'à une distance indéterminée les inter-
valles se trahissent.

Vint le portrait de M. Antonin Proust; on le reconnut. On alla vers lui avec empressement. De loin, on
était attiré. « Ah! un bon portrait, qui sort bien! » On
s'approchait : « C'est de Manet! » Et les naïfs avaient

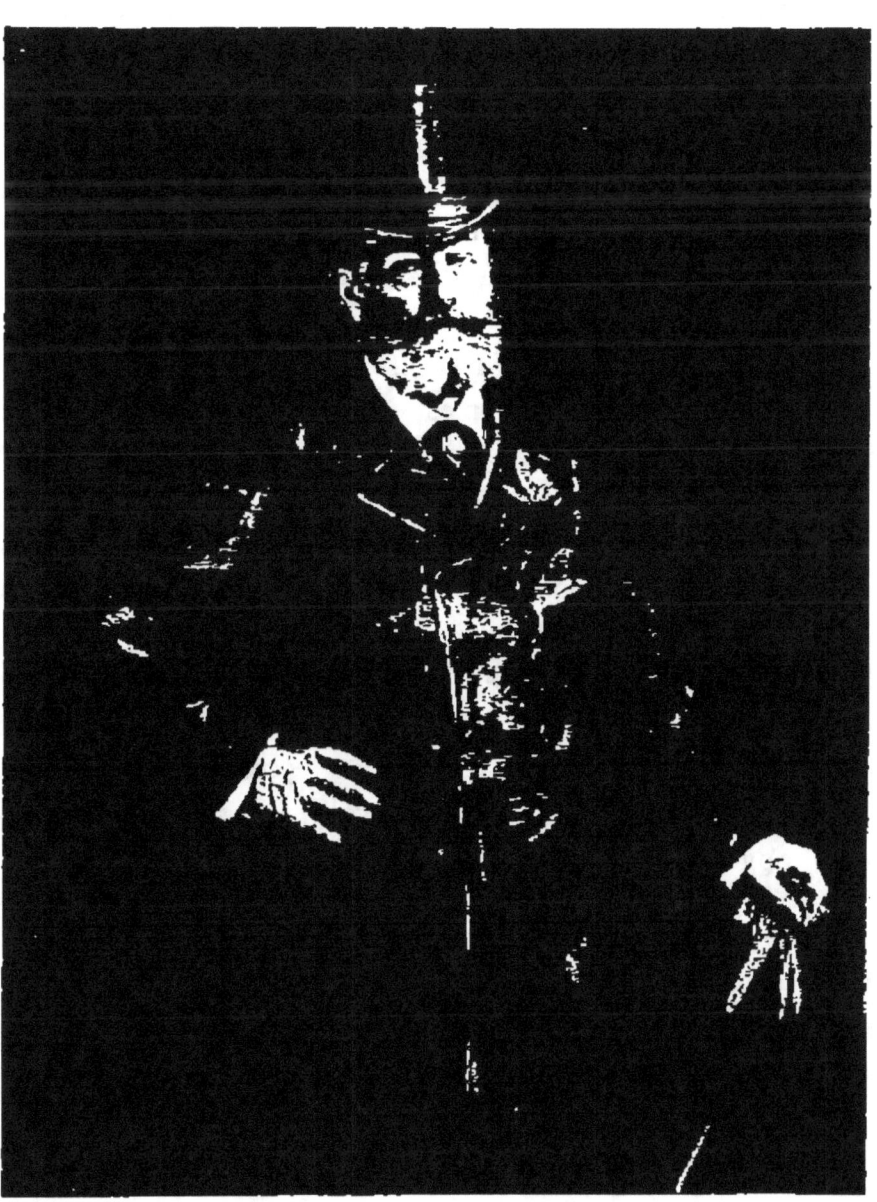

des étonnements, et les sots avaient des regrets, et les malins avaient des fureurs de leur impression première.

Heureusement, *Chez le père Lathuille* leur fournirait occasion de s'esclaffer! Abomination! Quelqu'un a touché au soleil, l'a pris non avec les dents, mais avec un pinceau, s'est aperçu qu'il n'était pas exclusivement composé de céruse, mais qu'il se familiarisait avec les ombres, qu'il se jouait sur les surfaces polies ou luisantes, qu'il avait des fantaisies bleuâtres et des prodigalités dorées. Quelqu'un a cru au prisme, à son action, et s'est dit : « Le soleil n'est pas un astre monotone! » Et ce quelqu'un, suivant que les rayons étaient horizontaux, ou verticaux, ou obliques, s'est aperçu effrontément que les colorations se modifiaient! Quel profane! « Oh! mon Phœbus! » soupira Robert Fleury, qui passa son existence à inventer des scènes d'intérieur historique.

Dirai-je ma pensée? Cette toile me paraît l'œuvre culminante de Manet, celle où il s'exprime tout entier, où il s'épanouit. — On railla le costume de la femme qui déjeune. On railla la chevelure de son ami. Fallait-il donc que Manet peignît une Pompadour et un garde française, dans ce milieu, ayant sous les yeux les modèles que le hasard lui offrait? Une femme est habillée d'une casaque achetée chez la mauvaise faiseuse; un homme est brun, au point que ses cheveux semblent des ailes de corbeau. Devait-il reproduire un blond, baguenaudant avec une cliente de Worth? Il y a un énorme malentendu : pour ceux-ci, la peinture, c'est un arrangement; pour ceux-là, c'est une reproduction. J'aime mieux voir dans le jardin du restaurant de la place Moncey des contemporains en leurs ajustements communs, leurs attitudes abandonnées, que sert un garçon,

14

tel que sont tous les garçons, sous des arbres grêles, que la lumière rétrécit, — que de m'égarer devant une scène imaginée, où l'exécutant me montre un monde qu'on ne lui a pas montré et une civilisation qui ne fut pas la sienne.

Manet regarde en avant. Ceux qui le contestent, l'injurient et se rebellent, regardent en arrière. J'ai plus de confiance en Manet, me conduisant chez Lathuille, qu'en M. Roybet me conduisant chez Louis XIII.

Sont-ce là les réflexions qui inspirèrent plusieurs votants, lors de la distribution des récompenses? Il se trouva, en juin 1880, quelques voix pour une médaille à Manet. C'était un effort.

En 1881, *Rochefort* et *Pertuiset* furent exposés. Le Rochefort, de Manet, est profond. L'artiste devina, sous le masque spirituel, l'observation constante. Il mit de la sévérité dans cette figure; la mordante raillerie court sur les lèvres, l'œil lance des flammes, le front enferme des pensées. Sur cette tête bouleversée et bouleversante quinze années de polémiques courageuses, de luttes probes, de convictions poursuivies et défendues ont marqué leur passage. Mais la jeunesse de l'esprit y transparaît et la fougue du combattant s'y révèle[1]. Dans le *Pertuiset*, l'homme aussi est exprimé; l'extérieur correspond à l'âme : c'est le tueur de lions, calme et froid, large et robuste, auquel je ne reprocherai que le décor qu'il a désiré. Pourquoi cette forêt? Pourquoi ce lion? Manet, qui aimait saisir la nature sur le vif, arrangea cette nature-là.

---

[1]. Henri Rochefort ne posa pas seulement pour le portrait. Il existe deux esquisses de Manet, représentant l'évasion de l'auteur de la *Lanterne*. C'est à la fois un drame, un portrait et une marine.

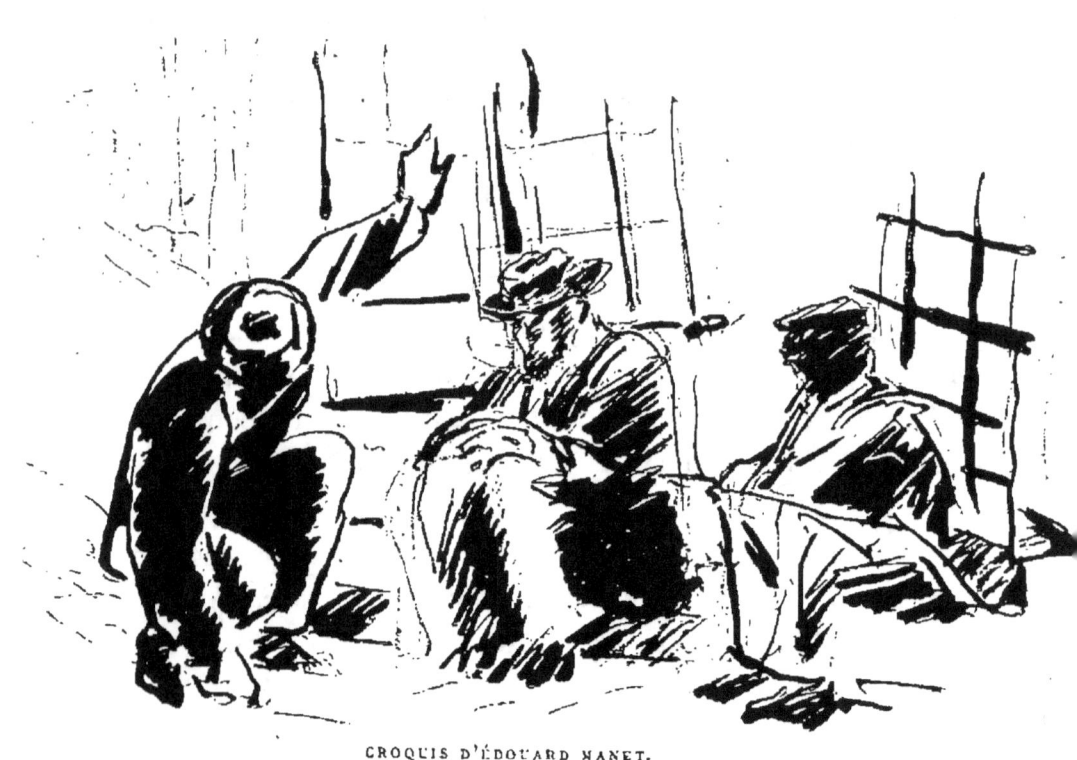

CROQUIS D'ÉDOUARD MANET.

Cette fois, les partisans de Manet dans le jury l'emportèrent. Dix-sept voix se prononcèrent pour lui. Une seconde médaille lui fut décernée.

Ce ne fut pas sans danger que cette manifestation fut faite. Les dix-sept devinrent des réprouvés. Quand ils briguèrent derechef les suffrages de leurs collègues, une liste circula, formée de leurs noms, pour les désigner à la vindicte des classiques[1]. C'est une raison pour que je les propose à la reconnaissance des indépendants. Voici ces coupables, — coupables d'avoir agi courageusement et contre leurs intérêts : Bin, Carolus Duran, Cazin, Duez, Feyen-Perrin, Gervex, Guillaumet, Guillemet, Henner, Lalanne, Lansyer, Lavieille, Em. Lévy, de Neuville, Roll, Wollon, Vuillefroy.

Le 31 décembre, qui suivit la démonstration si honorable de ces vaillants et de ces consciencieux, M. Antonin Proust, ministre des arts, consacra cette première distinction par une distinction officielle. Il nomma Manet chevalier de la Légion d'honneur. C'était une audace. Je n'ai point à m'occuper de la politique de M. Antonin Proust, mais je dois constater cet acte d'indépendance et en féliciter l'auteur. Décorer Manet, — eh! pour beaucoup, cela paraît un devoir, — démontrait que, chez M. Proust, il y avait un goût révolutionnaire, aidé d'une volonté que les clameurs ne troublent pas. Je l'en complimente.

1. Cette liste portait cet en-tête : AUX ÉLECTEURS DU JURY DE PEINTURE, SALON 1882. — Ci-dessous la liste des dix-sept membres du jury qui, l'an dernier, ont voté la médaille de M. MANET. — Distribué partout, le prospectus — dont l'auteur n'est pas inconnu — eut une influence. Plusieurs des dix-sept restèrent sur le carreau. Ils n'ont qu'à s'en glorifier.

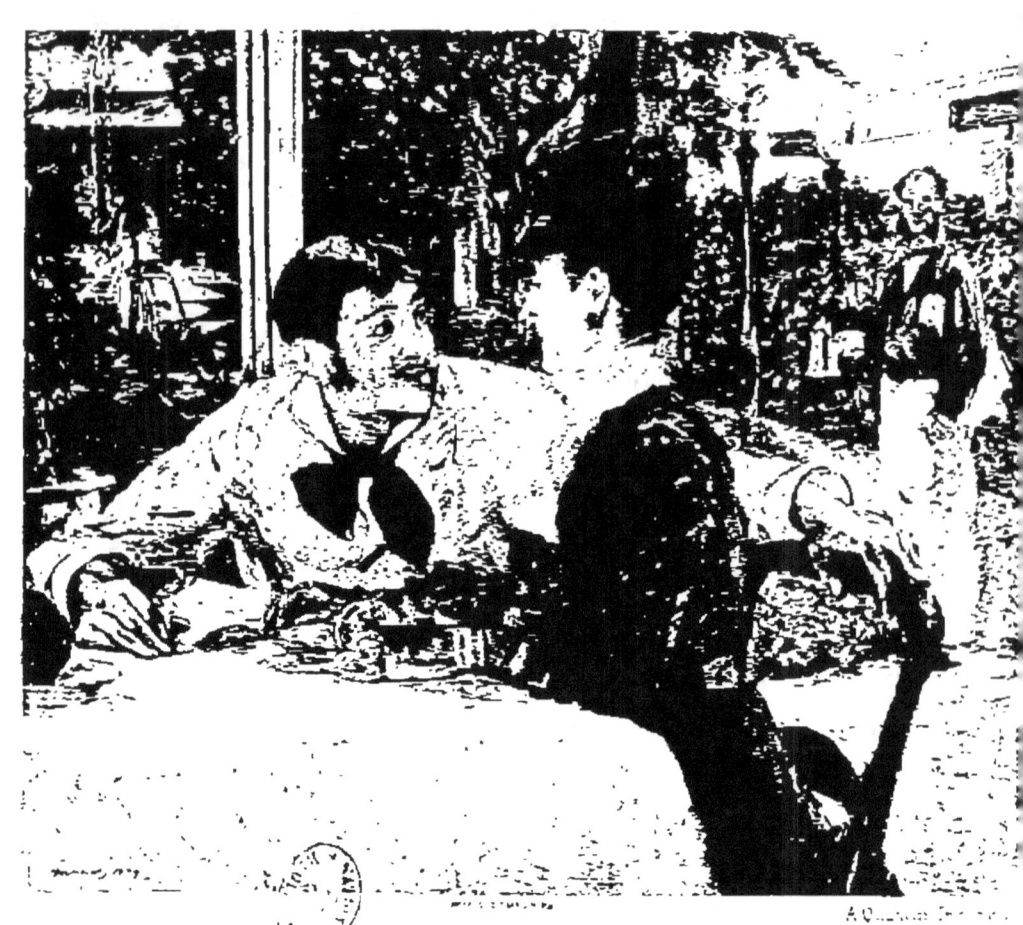

CHEZ LE PERE LATHUILLE
(D'après le tableau de Manet

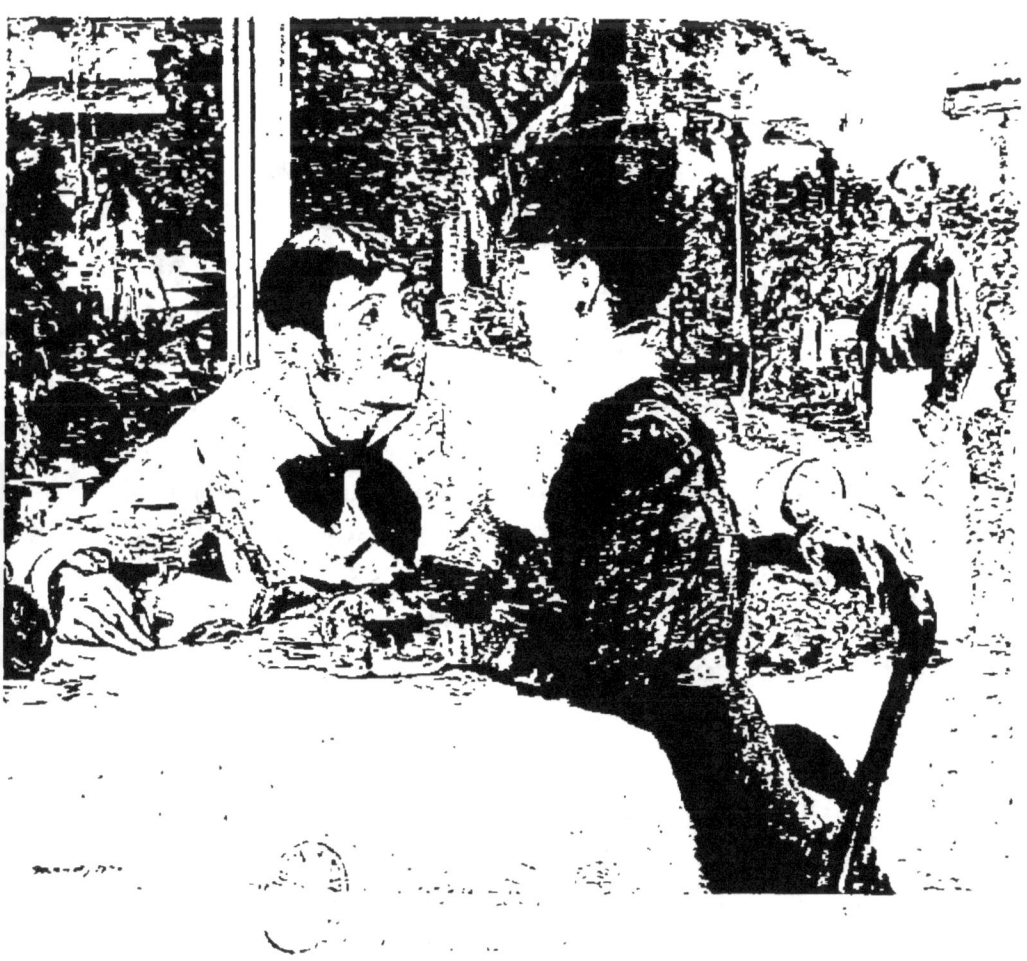

XXII

Dernier envoi.

Le *Bar* renouvela les irritations. On le déclara inintelligible. Une femme svelte débite aux lovelaces des Folies-Bergère les liqueurs assorties entassées sur le marbre de son comptoir. Elle écoute, sans émotion, les propos du consommateur galant, et, comme elle est placée devant une glace qui forme une étroite équerre avec la vendeuse et le premier plan chargé de natures mortes, toute cette commune action d'une perpétuelle comédie se dessine dans un réfléchissement. Au loin, une foule frétille, des globes allumés vacillent, sont indécis. Une gymnasiarque s'élance dans l'espace. — Des gens assidus à ces spectacles rougissent de les revoir sur la toile. Avoir peint les choses qu'on voit tous les soirs !

— Eh ! prétendez-vous, passant, qu'on ne vous peigne que les choses qu'on n'a jamais vues ?

Les Folies-Bergère, après tout, c'est une époque. Ce trottoir en chambre vaut d'être noté en notre rapide tourbillon. Libre à tel de remémorer la naissance de Vénus ou les sourires de Phœbé, — ont-ils de la mémoire, ces confiseurs ! — mais honneur à qui laisse des traces de son temps et des mœurs contemporaines ! — Vous parlez des Grecs, vous avez des Grecs plein la

bouche... les connaîtriez-vous, les Grecs, s'il y avait eu
de leur temps des Boulanger ou des Lefèvre ? — Ils vous
auraient peint des Pélasges, et vous ne sauriez même pas

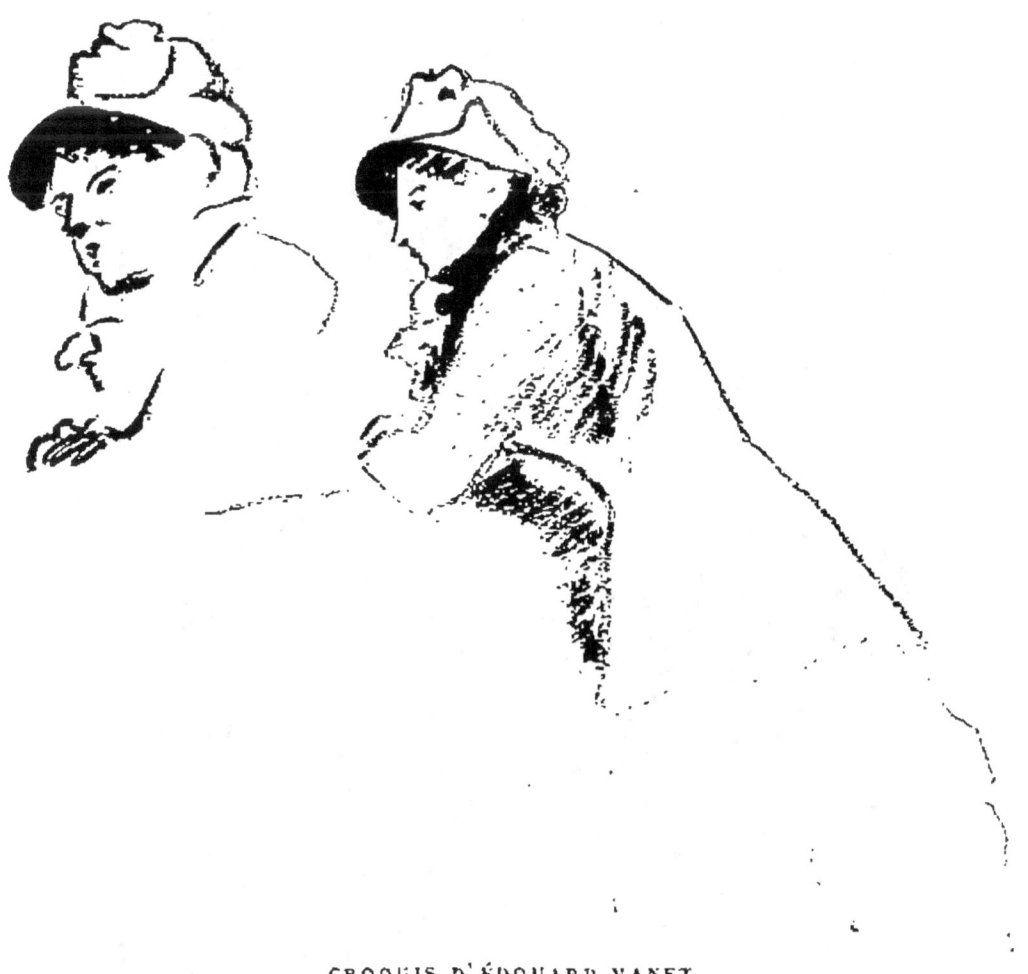

CROQUIS D'ÉDOUARD MANET.

comment Sophocle était habillé ni quelle était l'armure
d'Achille.

Exprimer, peindre, modeler son temps, c'est un
crime. Il faut exprimer, peindre, modeler le temps des
autres. Le prix de Rome fut inventé pour cela. Qui

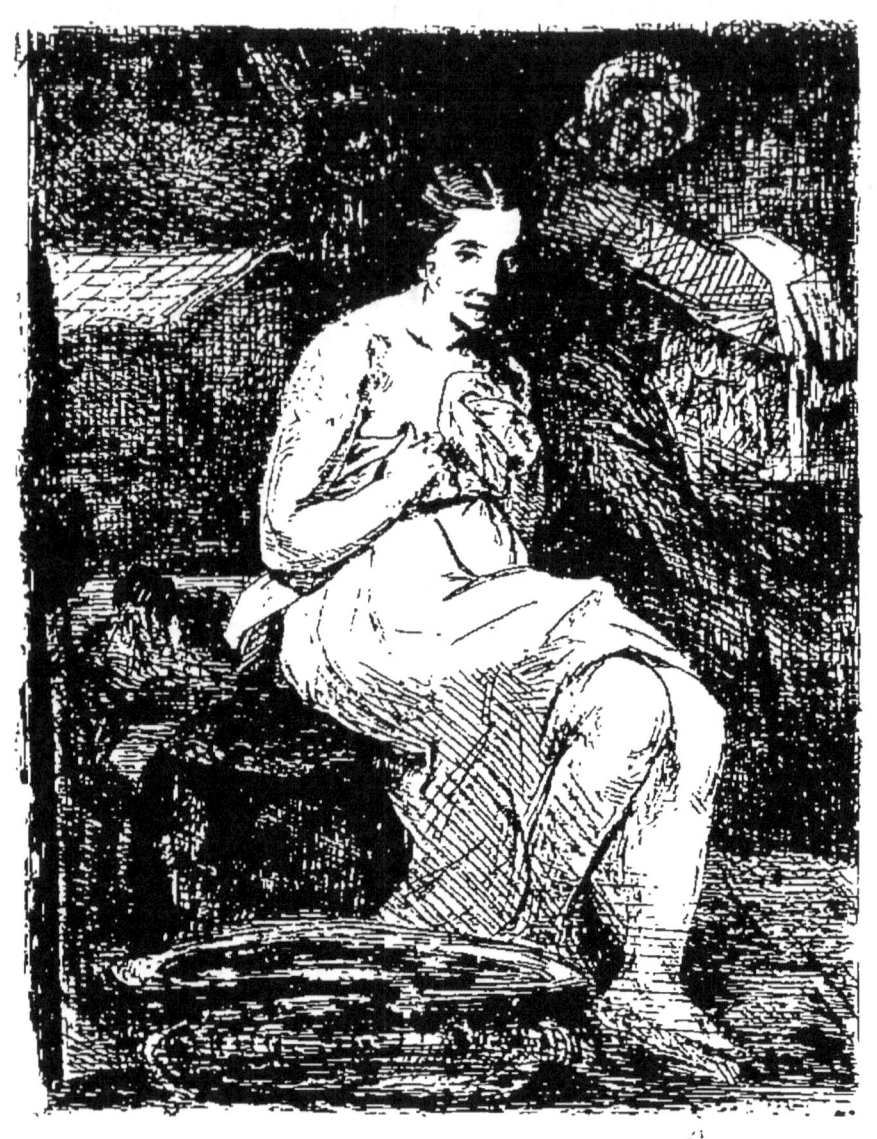

LA TOILETTE.

(Fac-similé d'une eau-forte d'Édouard Manet.)

s'approchera de Raphaël aura la palme. La réminiscence est reine. La sincérité? conspuée. L'originalité passe pour de l'extravagance. Ah! l'antique...

On fut clément, j'en fais l'aveu, pour la printanière figure désignée au livret par l'appellation de « Jeanne ». Le moyen de ne pas l'être? Cette promeneuse adorable, le nez un peu retroussé, les joues claires, la gorge affriolante, le corsage arrondi, cachant sa grâce sous une ombrelle et filant vite sous les arbres dont le vert feuillage se découpe à la crudité des ciels, — je l'appelai « printanière figure » et je m'en excuse, — c'est le printemps même.

Le *Printemps*, c'est en effet le nom que Manet avait l'intention de donner à ce portrait, le premier de quatre panneaux : les *Saisons*. Le temps lui manqua. Il y eut un pendant : l'*Automne*, pour lequel la belle Méry Laurent, très emmitouflée, prêta son profil de camée. Mais l'*Hiver* et l'*Été* ne furent jamais peints, et c'est une perte et un regret de plus.

Manet, après cette exposition, n'avait plus beaucoup de mois à vivre, et les travaux qu'il entreprit étaient réservés à une exposition posthume.

XXIII

Eau-forte et pastel.

L'œuvre peinte, dont nous venons de suivre et d'examiner le développement, ne constitue qu'une partie de l'œuvre de Manet. J'ai dit en passant qu'il maniait souvent le burin. En effet, il laisse un grand nombre de gravures. Là, autant que jamais, c'est la lumière qu'il cherche. Ses planches sont d'une rare sûreté de trait, et il obtient des résultats la plupart du temps remarquables. Il employa généralement l'eau-forte, qu'il rehaussait parfois d'aquatinte. Les hachures sont fermes, croisées et arrondies. Il ne procédait pas par les dégradations insensibles, mais par oppositions violentes, poussant au noir pour dégager les valeurs claires.

En 1874, il publia chez Cadart un album, tiré à cinquante exemplaires, qui contenait huit pièces, plus un frontispice : c'étaient le *Guitarero*, *Lola de Valence*, les *Gitanos*, l'*Homme mort*, les *Petits cavaliers*, d'après Velazquez, le *Gamin*, la *Petite fille*, la *Toilette*. Plus tard il illustra le *Fleuve*, poème de Charles Cros [1], puis les *Chats* [2] de Champfleury, puis le *Corbeau* [3] d'Edgar Poe. Il donna un portrait de Courbet pour l'étude de

1. Chez Lesclide. Tirage à 100 exemplaires.
2. *Ibid.*
3. *Ibid.*

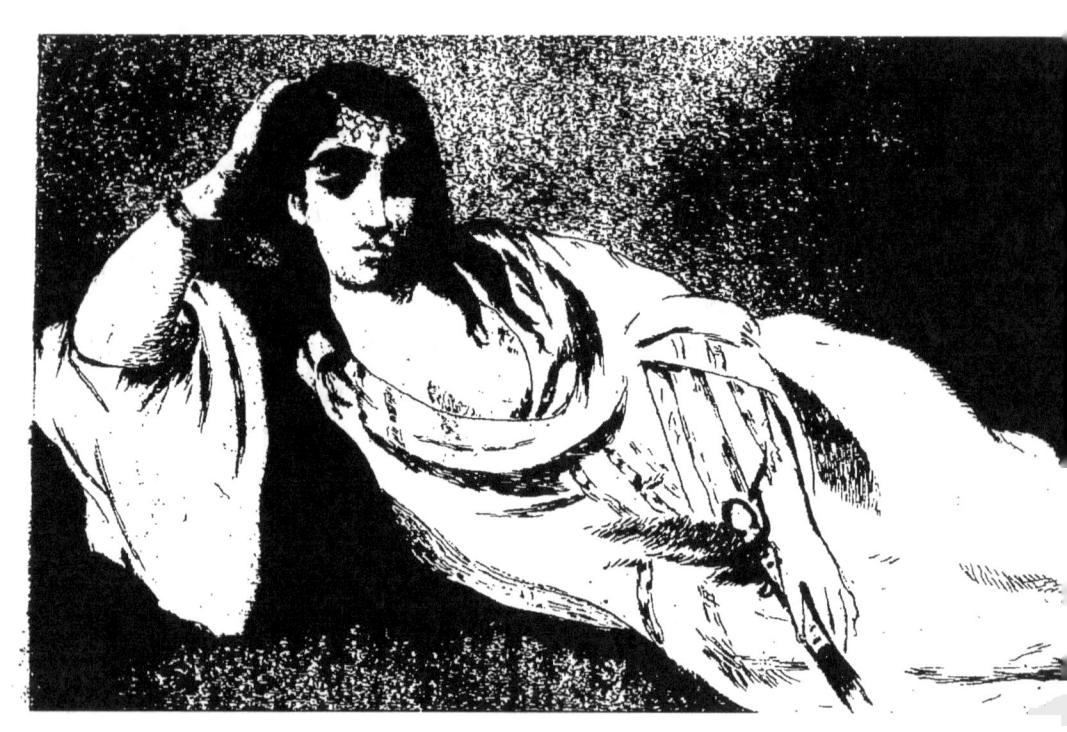

M. d'Ideville[1]. Il collabora enfin aux *Sonnets à l'eau-forte*[2]. En dehors de ces exemplaires édités et connus, il en est une trentaine qui n'ont été mis ni en vente ni en

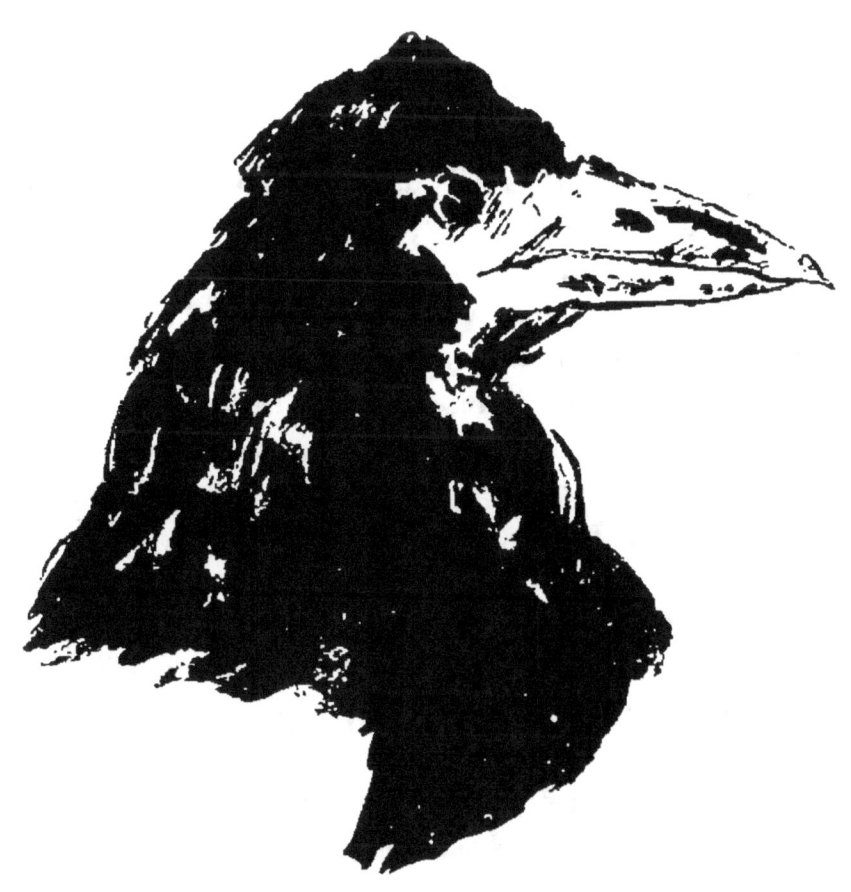

circulation. Plusieurs sont des reproductions de ses toiles, tels que l'*Enfant à l'épée* en deux épreuves, l'une dans le sens du tableau, l'autre dans le sens contraire,

1. Chez Lesclide. Tirage à 100 exemplaires.
2. *Ibid.*

l'*Enfant au chien*, l'*Acteur tragique*, les *Bulles de savon*, le *Fumeur*, la *Chanteuse des rues*, le *Buveur d'absinthe*, le *Philosophe*, le *Christ aux Anges*. Mlle *V...* en costume d'espada, le *Ballet espagnol*, *Gamin buvant*, *Olympia*, le *Liseur*, *Enfant portant un plateau*. Plusieurs sont des reproductions de Velazquez, tels que *Philippe IV* et l'*Infante Marguerite*. Plusieurs sont des portraits, Baudelaire de face et de profil, M. Manet père, Edgar Poe, Mme de V... Plusieurs enfin sont des compositions originales : la *Femme à la mantille*, *Silentium*, *Au Prado*, l'*Acteur comique*, la *Convalescente*, le *Rêve du marin*, *Odalisque couchée*, *Croquis de gens sous des parapluies*, la *Marchande de cierges*.

La pierre le tenta moins. Il existe six lithographies de sa main : un portrait, un épisode très mouvementé et très dramatique de la Commune : la *Guerre civile*, un *Intérieur de café*, des *Chats sur un toit*, les *Courses* et le *Gamin*. J'ai déjà mentionné celles qui furent sa part de collaboration à différents ouvrages.

On voit par cette simple nomenclature l'importance considérable de l'œuvre gravée.

Ce n'était pas tout. La prodigieuse activité de ce tempérament sans cesse en éveil demandait à se dépenser davantage. Manet fit des miniatures, qui sont conservées dans sa famille, et de la céramique. Un service en porcelaine date des débuts de sa carrière, et, dans les dernières années de sa vie il orna, avec un goût exquis, quelques douzaines d'assiettes. Ai-je parlé des aquarelles et des dessins? C'était son délassement; il semait les croquis, tantôt comiques, comme les *Chanteuses du café-concert*, notées en deux traits rapides, tantôt serrés et sérieux, comme le Courbet pris dans l'intimité ou comme le Bazaine pris à Trianon.

Mais sa passion, c'était le pastel. Il ne se servait pas,
à la vérité, du crayon de couleur pour perpétuer la tra-

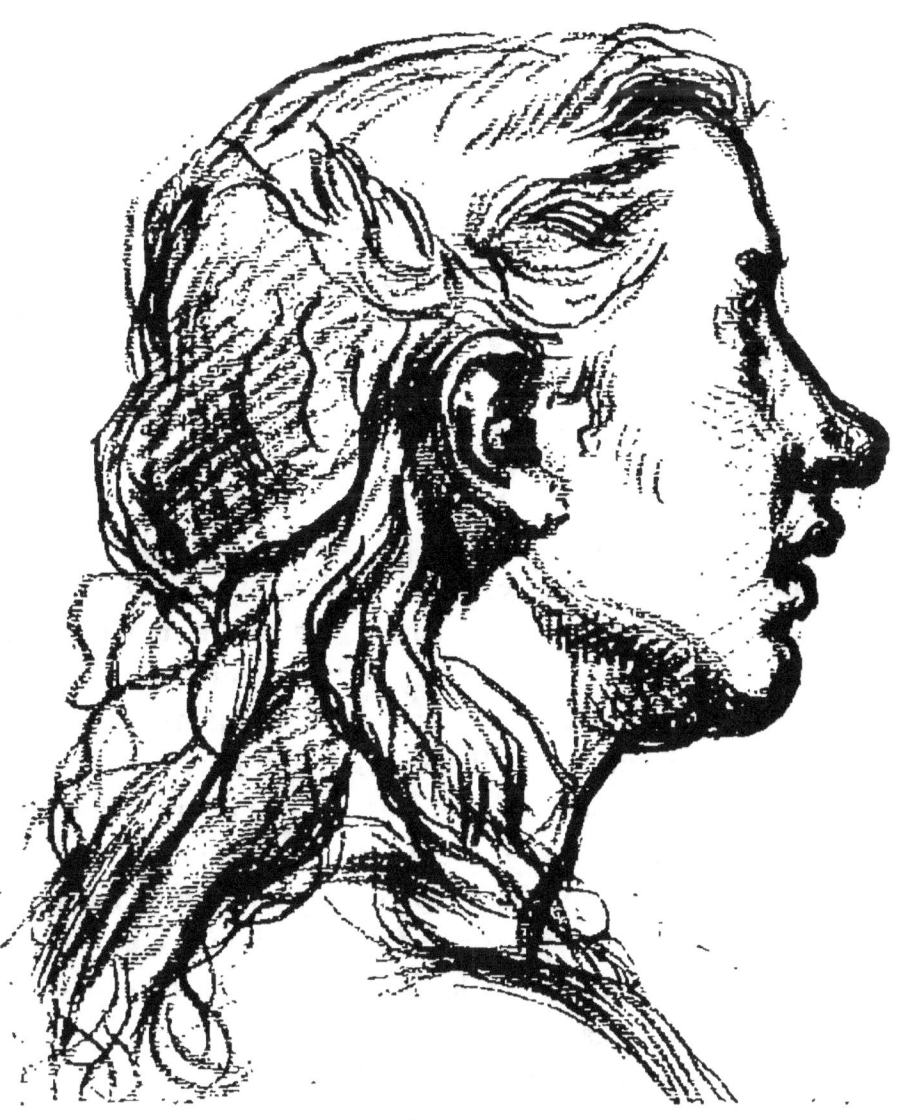

CROQUIS D'ÉDOUARD MANET.

dition mièvre de la plupart des pastellistes. Il ne comptait pas les graines parcimonieusement et procédait par

touches larges, brutales même, à l'occasion. Dans ce
genre calme, à l'usage des jeunes filles, il apportait de
la fougue ; le pastel ne lui apparaissait pas nécessai-
rement comme un procédé propice à la chlorose, il y
trouvait toute la gamme des couleurs et ne jugeait pas
indispensable de ne pas s'en servir. Non qu'il éprouvât
de l'embarras pour les transitions, c'est-à-dire pour les
nuances, mais parce qu'il était ambitieux d'infuser de la
vie et du sang dans ses personnages. N'est-ce pas une
admirable figure, concise et synthétique, que celle de
l'Anglais Moore, qui résume en lui l'Angleterre ? N'est-ce
pas une délicieuse et délicate apparition que cette femme
enveloppée de gaze, et qui passe comme une fée dans
un nuage ? Et cette étude si hardie d'un dos nu n'est-
elle pas traitée par un dessinateur de premier ordre, bien
que ce dessinateur n'ait pas oublié de rendre, en con-
sommé coloriste, les tons fondus et les plis gras des
chairs ? Manet, ordinairement, ne serrait pas le grain :
de là quelques doutes pour certains morceaux très finis,
qu'on lui attribue. Mais il retouchait volontiers des
études incomplètes. Il rougissait les lèvres, enflammait
les yeux, estompait une clarté, incendiait une ombre.
D'un trait. D'un coup sec. Par inspiration. Il lui arriva,
s'étant égaré dans un milieu de tranquilles demoiselles
qui se livraient, pour occuper leurs loisirs sans pensées,
à la distraction familiale du pastel, de trouver des qualités éparses dans le travail qui lui était soumis. Mais il y
manquait de ces riens qui suffisent à faire d'une banalité
un ouvrage intéressant, sinon hors ligne. Il ouvrit la
boîte où, bien rangés, se pressaient les crayons, en tira
quelques-uns, et successivement les écrasa sur les déli-
catesses ingénieuses dont les aimables personnes s'enor-

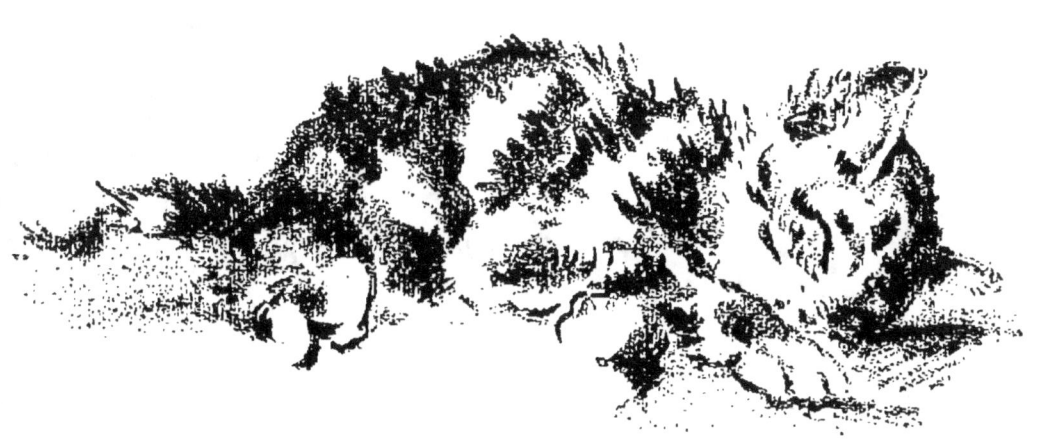

ÉTUDE DE CHAT, PAR ÉDOUARD MANET.

gueillissaient. Terrible angoisse des spectatrices de ce massacre. Sans doute, il en sortait des effets nouveaux; la
vulgarité primitive s'effaçait; la griffe du lion se mon-
trait; mais, en même temps, la boîte se vidait. Quelle
désolation! Et Manet, surprenant ces intimes souffrances,
réparait le crime commis, en offrant à ses victimes et
l'étude corrigée et sa boîte à lui, pour remplacer la boîte
dévastée.

La liste de ses pastels est interminable. On se flatte,
en ayant vu cent, de les avoir tous vus; pas du tout : on
apprend qu'on en laissa échapper vingt ; et, cette lacune
comblée, qu'il en est dix ailleurs; puis d'autres sont
annoncés. Les modèles multiples se sont multipliés, et
pour un seul qui s'asseyait vis-à-vis de l'interprète, il y
a trois, quatre, six interprétations. Je sais bien que
cette fécondité intarissable est un grief. Le grief des
stérilités.

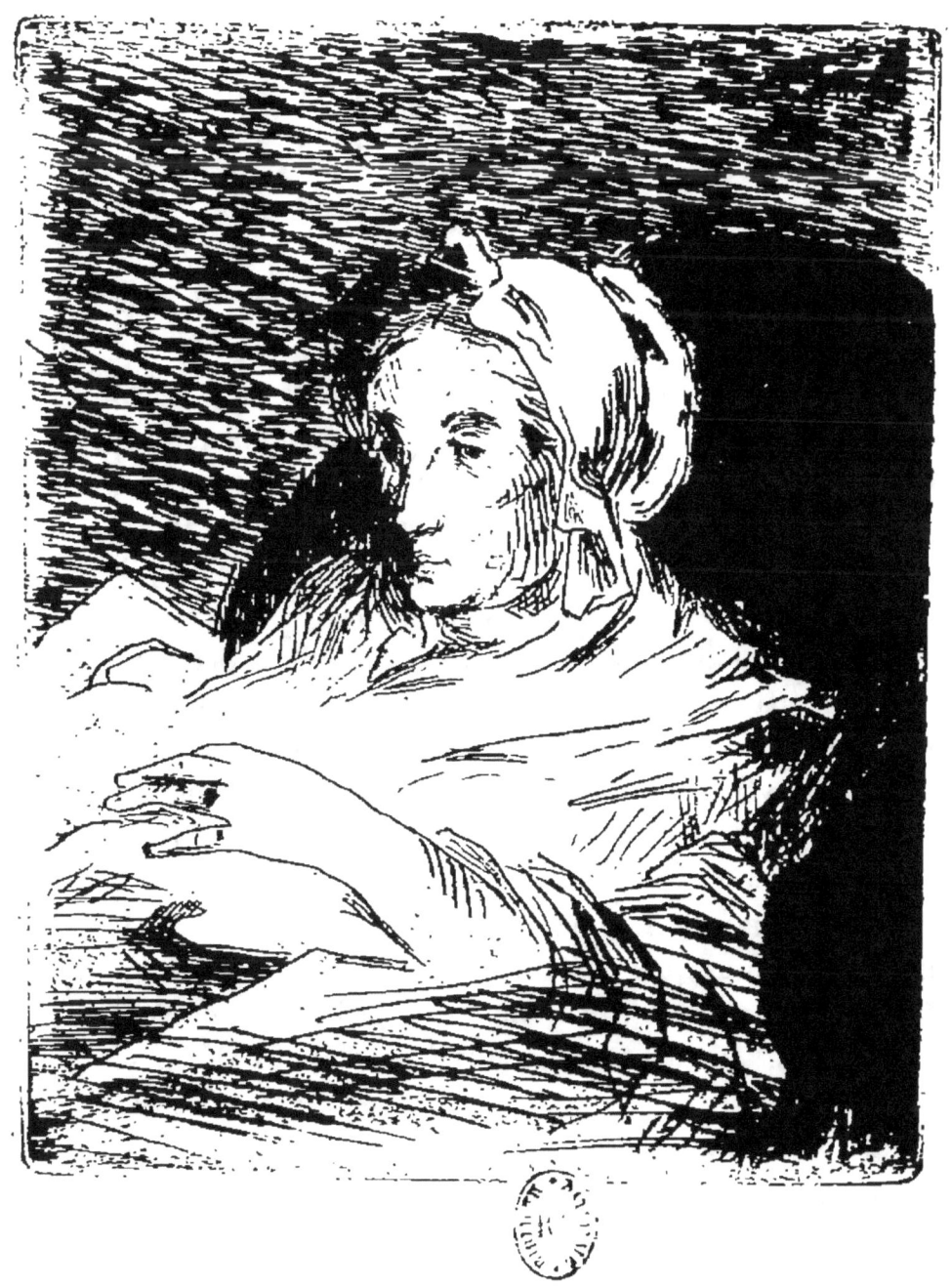

XXIV

La Mort.

Manet est mort le 30 avril 1883.

Depuis longtemps sa santé était atteinte. Un jour, comme il travaillait dans son atelier, il ressentit tout à coup une vive douleur dans la jambe droite. Il n'y prit point garde, croyant avoir éprouvé cette sensation aiguë qu'on nomme vulgairement un coup de fouet. Bientôt, il reconnut que le mal était plus grave; les forces diminuaient. La locomotion devenait pénible : l'ataxie se trahissait. Il songea à se faire examiner, appela les médecins. Les traitements successifs qui lui furent imposés aggravèrent plutôt son état. Au commencement de mars, il lui fallut s'aliter. Ce fut fini. La maladie faisait des progrès terribles. L'insensibilité des membres inférieurs fut suivie de la gangrène. Il arriva un moment où il ne resta plus qu'une chance de salut : l'amputation. L'effroyable opération s'accomplit ; anesthésié, il ne s'en aperçut pas, et même il continua à se plaindre de douleurs endurées au pied qu'il n'avait plus. Ce sacrifice fut inutile. Onze jours après, il succombait, entouré des siens, entre sa femme et son beau-frère, Léon Leenhoff, qui tous deux lui avaient prodigué, avec un dévouement que rien ne lassait, les soins les plus affectueux et les plus intelligents, — vainement.

C'était la veille de l'ouverture du Salon. Les portes du palais de l'Industrie s'étaient entre-bâillées pour cette répétition générale : le vernissage. La cohue des privilégiés, composée tout entière de peintres, de statuaires, de gens de lettres, d'amateurs, de rapins, de modèles, emplissait les salles et la nef, gaie, curieuse, sous un bon soleil très clair. Quand la triste nouvelle se répandit, il y eut en tout ce bruit un refroidissement. Mourir ce jour-là ! On s'attendait pourtant à une catastrophe. Les journaux avaient publié des bulletins qui ne laissaient point d'illusions. Et pourtant on fut frappé. On sentit un vide se faire. Cet homme si discuté, si maltraité, s'était rendu invinciblement sympathique. Il avait une popularité. On le vit bien, et ses ennemis et ses détracteurs commencèrent à lui reconnaître des qualités. Au moins, son nom ne figurait-il pas au catalogue ? Peut-être avait il eu le temps d'achever et d'envoyer un dernier ouvrage. Non ! Il était tout à fait absent. Il avait été question d'un tableau intitulé *Têtes de Femmes*. Mais l'indiscret qui l'annonça était mal informé.

Chez lui, à son appartement de la rue de Saint-Pétersbourg, il y eut affluence de visiteurs affligés. Sur le registre, que gardait le concierge, des centaines de célébrités s'inscrivirent. Ce fut un pèlerinage.

Les funérailles eurent lieu le 2 mai. Le cercueil se dirigea vers le cimetière de Passy, sous un amoncellement de fleurs et de couronnes. Le cortège s'allongeait à l'infini, et l'on reconnaissait parmi les assistants des personnalités de tous les mondes. A voir cet empressement derrière ce corbillard, on ne se fût pas douté que celui que l'on conduisait à la demeure suprême était ce même artiste dont les œuvres avaient excité les rires et les dédains : cet hommage ressemblait à une réparation.

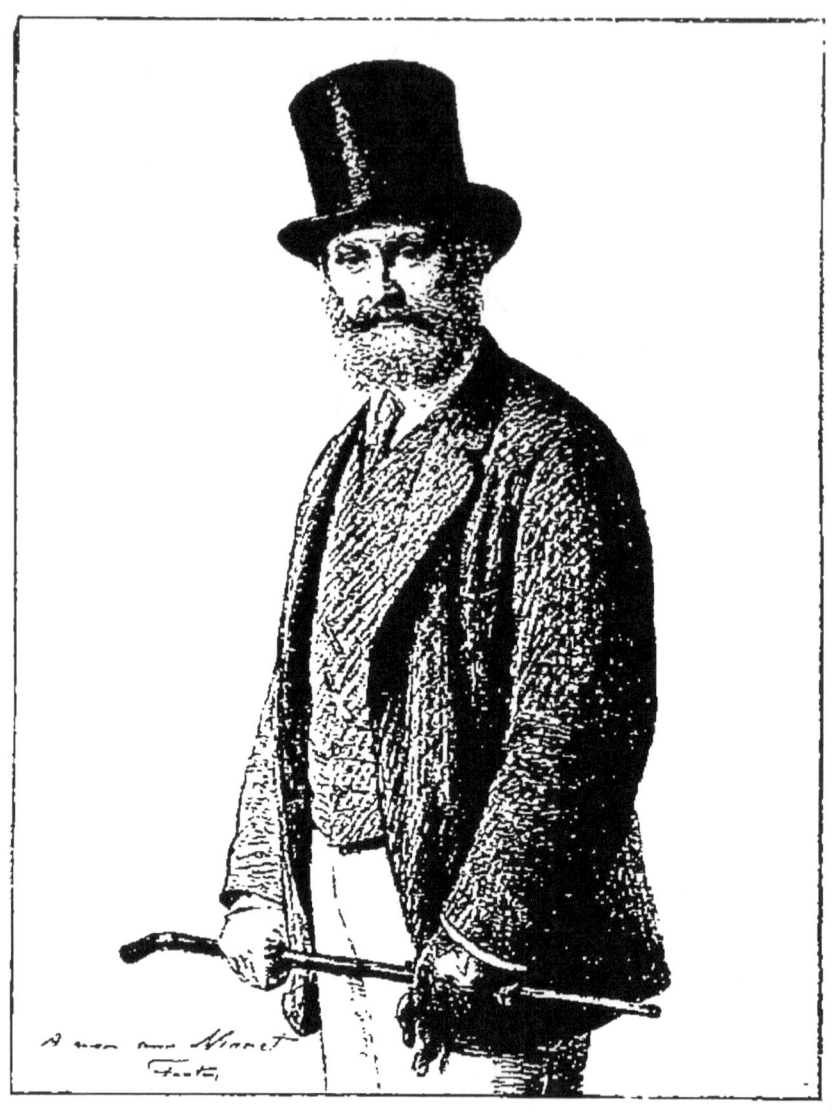

ÉDOUARD MANET.

Par Fantin-Latour.

Au seuil du caveau, M. Antonin Proust prononça un discours tout d'émotion, et, dans cette oraison funèbre, fut dite enfin la vérité « sur ce génie sans cesse en quête d'un effort nouveau[1] ».

Elle devait, d'ailleurs, être répétée. Il sembla que la mort de Manet eût dessillé les yeux des aveugles et des borgnes ; il suffit qu'il fût entré dans l'éternel repos pour qu'on s'aperçût de son influence heureuse et de son autorité puissante. Les rancunes s'apaisèrent subitement. Tel oublia ses propres critiques et, ayant jadis témoigné de son horreur en des termes excessifs et violents, s'avisa d'écrire un panégyrique. Vous auriez beau feuilleter les

1. « C'est avec une émotion profonde, dit M. Antonin Proust, que je prends la parole sur cette tombe qui enlève un maître à l'Art français et qui nous sépare du même coup d'un ami dévoué.

« Notre amitié datait des bancs du collège, et cette amitié avait été si constante que nul, mieux que moi, ne peut rendre un sincère hommage à cet homme de cœur et de talent, dont l'humeur était si française et dont la bonté fut toujours inépuisable.

« Manet s'est révélé du premier coup. Du premier coup, en effet, il s'est débarrassé des traditions trop attentives au culte des choses disparues. Je voudrais pouvoir retracer la vie de Manet, et raconter la longue et pénible existence de lutte pendant laquelle il fit preuve d'un courage que rien ne parvint à abattre. Mais, je le confesse, cela me serait impossible... Ce que je tiens à dire, c'est que les grandes qualités du cœur et de l'esprit se trouvaient dans l'artiste comme chez l'homme. Son talent, s'il fut parfois inégal, eut toujours une allure magistrale. Cependant personne, plus que Manet, n'était heureux des succès que remportaient ceux qui suivaient son exemple.

« Si persistants que soient les préjugés artistiques, on est étonné que des œuvres comme l'*Enfant à l'épée* ne soient pas allées tout droit dans nos collections publiques ; nous espérons les y voir bientôt. On m'a dit qu'en donnant la croix à Manet j'avais accompli un acte de courage ; on s'est trompé ; je n'ai fait qu'un acte de réparation.

« L'injustice de la critique a brisé la vie de Manet, quelque courage qu'il eût. A côté d'une œuvre encore incomplète, il laisse une femme et un fils qui, aux longues heures de la souffrance, firent preuve d'un admirable dévouement.

« Dors en paix, ô mon ami, nous ne faillirons pas au serment que nous faisons solennellement sur ta tombe de veiller sur ceux que tu laisses derrière toi.

« Adieu, Manet, adieu ! »

nécrologies dans la presse parisienne, dans la presse de province, vous ne trouveriez pas une note discordante. Sans doute ce ne furent pas partout des éloges sans réserve; mais qu'il était loin, le temps où le mot d'ordre était, pour la critique, quand le pauvre artiste exposait : hausser les épaules et passer!

Toutes les feuilles illustrées reproduisirent ses traits. A présent, chacun le voulait connaître : les extrêmes se rencontrèrent dans les adieux...

Quelques exemples.

M. Champier ne dissimula pas qu'il était intéressé par cette carrière d'athlète; M. Havard confessa que le passage de Manet à travers notre école laissera des traces, et convint que ses théories auront « forcé les peintres à regarder plus attentivement la nature et contraint les coloristes eux-mêmes à reconnaître, comme du reste la science l'avait établi, que les ombres se colorent et qu'elles empruntent aux lois générales de l'optique des effets qui sont réglés par la théorie du contraste simultané des couleurs ». M. Albert Wolf fut presque affectueux, et toute sa critique se résuma en cette exclamation de Daumier qu'il reproduisit, et que je reproduis à sa suite, sans la garantir plus qu'il ne la garantit :

« Manet me dégoûte de la peinture compliquée de l'école, sans me faire accepter sa peinture à lui. »

J'ai choisi tout exprès ces appréciateurs, dont la défiance antérieure était notoire. Si je glanais chez les Fourcaud, les Geffroy, les Burty, les Gœtschy, les Albert Leroy, les Flamans, les Marthold, les louanges largement distribuées au disparu triomphant, on m'accuserait d'avoir opéré des triages systématiques dans la majorité.

Il est pourtant une conclusion qui doit être conservée,

audacieuse, j'en conviens, mais reposant en somme sur des convictions nettement exprimées et nettement justifiées; c'est celle-ci :

« Manet n'a été le bâtard de personne...

« L'idée qu'on se fait généralement du musée du
« Louvre est telle qu'on trouve naturel d'y voir des bour-
« geois ou des recommenceurs comme Lethière ou Su-
« bleyras, par exemple, ou des faux peintres comme
« Flandrin, et qu'on n'accepterait pas sans hauts cris
« l'idée d'y faire admettre Édouard Manet, cet artiste, le
« plus peintre des hommes de ce temps... »

Cette assertion n'aura pas été vainement émise. M. Jacques de Biez, à qui je l'emprunte, passe peut-être pour un faiseur de paradoxes; mais souvent le paradoxe n'est que la forme anticipée d'une vérité que reconnaîtra l'unanimité future.

Je me bornerai à ces citations, et je ne serais pas surpris qu'on trouvât que je ne me suis pas borné assez tôt. Mais n'est-ce pas un contraste curieux et qui tente, que celui de ce commencement et de cette fin, de ce berceau et de cette tombe? L'homme naît, grandit, s'affirme : des huées... Il meurt, ayant poursuivi son œuvre sans s'affaiblir, sans rien concéder, sans rompre d'un demi-pas : des acclamations... Ah! qu'il avait raison, Lefranc de Pompignan, et combien ont reçu leurs couronnes de lauriers mêlées à des couronnes d'immortelles!

XXV

L'Atelier vide.

Le dernier atelier qu'ait occupé Manet est situé rue
d'Amsterdam, à quelques pas de la place Moncey. C'est
un haut rectangle, construit au fond d'une cour, loin du
bruit et du mouvement. On en aperçoit, en franchissant
la porte cochère, les larges vitres qui dépassent les toi-
tures voisines. Il est organisé pour que la lumière s'y ré-
pande à flots. L'ameublement en est des plus simples :
un canapé arrondi, un divan, quelques fauteuils, un bu-
reau d'acajou, couvert de papiers et de brochures, un
tabouret de cuir; et c'est tout. Et pourtant cet énorme
hangar paraît presque petit; les murs disparaissent sous
les toiles, anciennes ou récentes : études commencées,
projets indiqués, œuvres des premiers temps, promesses
des temps derniers. Sur des chevalets posés çà et là, des
châssis sont appuyés, des motifs se dessinent. En avant,
deux bouquets, l'un de roses roses, d'œillets et de feuillages, l'autre de roses et de lilas blancs, éclatent de fraî-
cheur et frissonnent légèrement dans le cristal où la fantaisie du peintre les posa. C'est pour les peindre que
Manet prit une dernière fois le pinceau; le premier date
du 28 février, le second du 1ᵉʳ mars. Ayant fini, il rentra dans son appartement et n'en descendit plus.

Cet atelier raconte toute une vie. Il est comme le
résumé d'une carrière remplie d'étude et traversée

d'orages. Ici, une copie ébauchée rappelle les voyages en
Italie ; là, des gitanos qui se font pendant rappellent le
voyage en Espagne. La fameuse *Olympia* est accrochée
au centre du plus grand panneau. A ses côtés, vous recon-
naissez le *Balcon*, qui fit tapage. Plus loin, c'est la *Leçon
de musique*, le portrait de M. Astruc, le portrait de
Mᵐᵉ B..., une Parisienne de 1866 ; l'*Exécution de Maximilien*, colossale, est suspendue au-dessus d'une portière
qui conduit dans un petit salon plus intime. Et c'est le
Vieux musicien, et c'est le *Jésus insulté par les soldats*,
qui se lamente entre ses persécuteurs : tout cela, c'est la
première époque. Tout à coup l'impression change ; au
lieu des fonds noirs et des reliefs violents, nous passons
à la clarté des tons gais et des ensoleillements. *Nana*,
toute pimpante, éblouit ; le *Linge* rayonne sous la verdure chaude ; le *Bar*, tout illuminé par les lustres lointains, pique des étincellements dans la paroi, et *Chez le
père Lathuille* a l'air d'un embrasement. Ce sont, pour
nous, connaissances faites. Nous avons suivi chacun de
ces épisodes dans les expositions où ils ont figuré. En les
revoyant là, il semble que tout le passé ressuscite, et l'on
se remémore les luttes, les polémiques, les tempêtes de
ces vingt années de labeur sans trêve. Mais il est aussi
dans cette galerie des œuvres réservées qui n'ont point été
soumises au public, ou qui le furent seulement à un public
restreint.

Tel l'*Automne*. Une femme blonde, de profil, très
élégante. Elle est vêtue d'un chatoyant pardessus brun
et passe les mains dans un manchon à longs poils. Il
semble qu'elle se hâte vers quelque idéal ou quelque
rendez-vous. Elle se détache, sur un fond bleu clair par-
semé de fleurs, d'une tenture orientale.

Telle *la Femme aux éventails*. Elle est à demi éten-
due sur un divan ; le bras gauche, appuyé sur des cous-

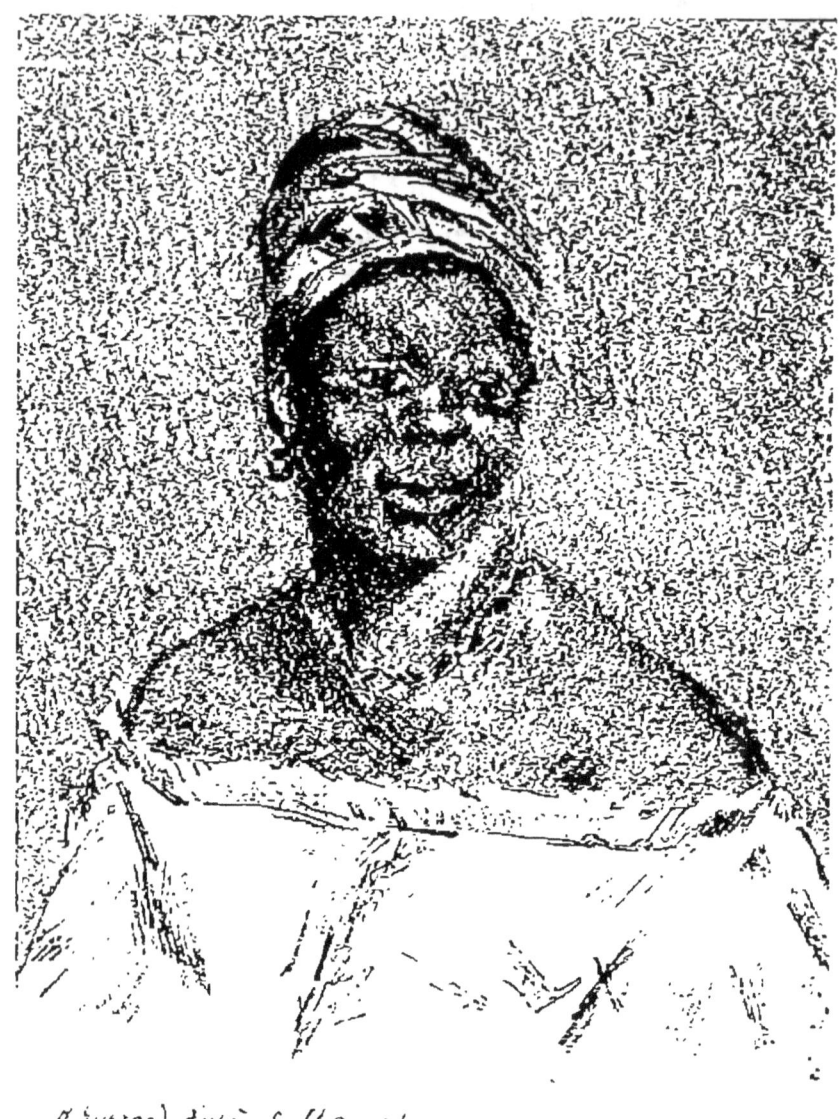

H Guérard d'après E. Manet.

sins azur, soutient la tête intelligente et chercheuse d'une
musicienne très distinguée, qui ajouta à ses succès de

pianiste et de compositeur des succès de poète. Des cheveux, très hauts, s'élance une gerbe de filigrane d'or. Le
buste s'enferme en un corsage turc à paillettes, et les
jambes se perdent dans un fouillis de tulle noir. Un
pied, chaussé d'une babouche, passe hors de la jupe va-
poreusement chiffonnée, qui coupe de ses tons sombres
les clartés du lit de repos. Derrière, un griffon montre
son museau éveillé et, tout autour, sur la muraille, sont
appliqués des écrans japonais.

Tel le *Skating*. Un grouillement de promeneurs
forme cercle autour de la piste parquetée où les patineurs
s'exercent. Sur la balustrade garnie de velours rouge, une
élégante, restée en dehors parmi les spectatrices, s'appuie, guettant ceux qui arrivent. La tête, de face, est
charmante, malgré le fard, — ou à cause du fard; — elle
s'encadre de cheveux blonds et vaporeux qui débordent
d'une toque noire. La taille, toute fine, est appétissante
sous le plastron gris perle, soutaché capricieusement.
Derrière cette femme, une autre, plus sombre, l'appelle
ou la conseille, tandis qu'autour de ce groupe un mouvement infernal se fait.

Tel le *Café-concert*. La scène se passe dans un café
du boulevard extérieur, aujourd'hui disparu, qui portait
cette enseigne : *A Reichshoffen*. Une chanteuse apparaît,
esquissée dans l'embrasement de la rampe. L'auditoire
divers est attentif. Un ouvrier en blouse bleue, la casquette en arrière, fumant sa pipe, se profile au premier
plan; puis s'arrondit, sur la nuque d'un consommateur
plus bourgeois, le chapeau melon qui indique un retar-
dataire de la mode ; puis une joue s'efface et un chignon
se redresse ; la propriétaire de ce chignon et de cette joue
écoute, captivée; jusqu'à l'orchestre, dont le chef se dé-

mène et dont les instruments se croisent , toute une assis-
tance s'agite dans une atmosphère qu'illuminent les becs

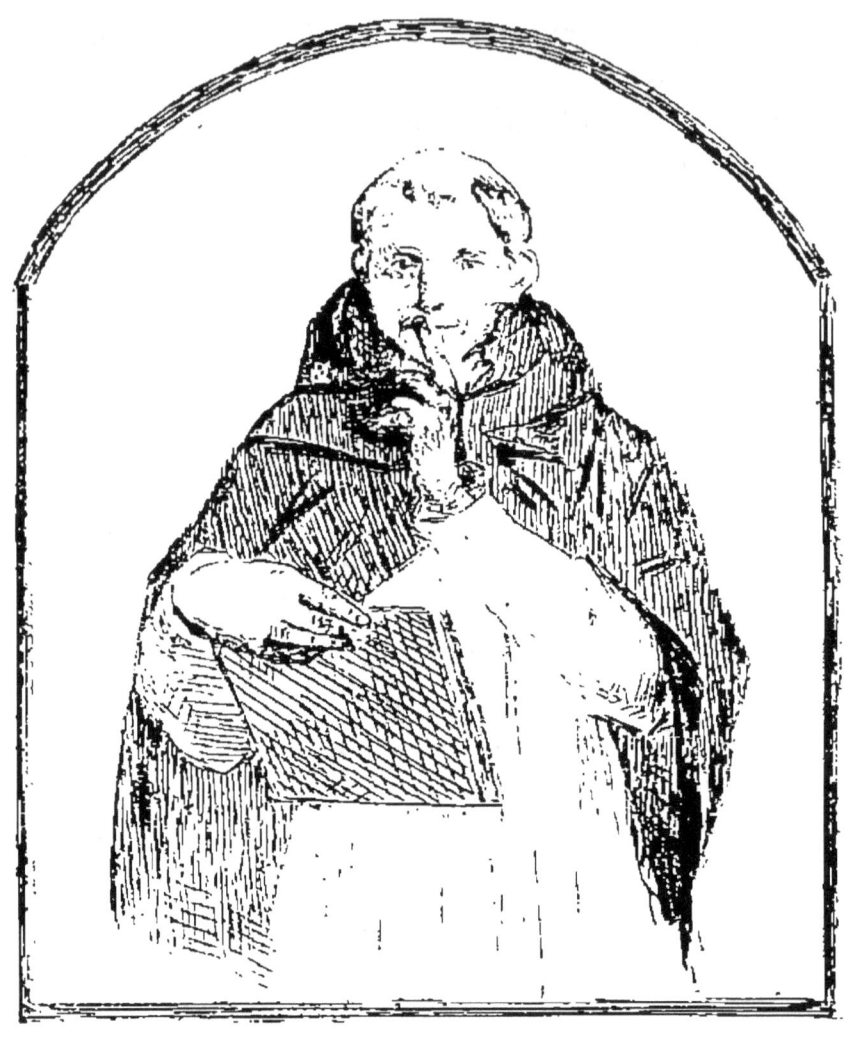

SILENTIUM.

(Fac-similé d'une eau-forte inédite d'Edouard Manet.)

de gaz et qu'ennuagent les cigares ; et, sérieuse, accomplis-
sant un sacerdoce, une forte fille s'avance, portant les
consommations nouvelles aux buveurs assoiffés. Elle est,

elle, insensible à la musique, aux sourires, aux amours :
elle appartient au devoir. Les natures mortes, bocks,
verres vides, verres pleins, carafes, tables de marbre,
mettent une note de plus dans cette étude; c'est la vie
réelle de certaines heures et de certains milieux.

Telle encore l'*Évasion*, en pleine mer, avec la barque
tragiquement seule dans l'immensité mystérieuse ; tels
ces deux paysages lumineux, où sont assises, sous les
dômes verdoyants, ici Mme Manet mère, là Mme Édouard
Manet; tels le *Steam-boat*, et l'*Arène*, et l'*Exposition
du Champ de Mars*, et des portraits sur lesquels tranche,
par ses draperies rouges, celui de Mlle Émilie Ambre, la
cantatrice brune, et des fleurs, et des fruits, et des panneaux décoratifs, et des coquillages... Dans des coins,
des cadres retournés s'entassent, et une pièce noire contient, en outre, des toiles roulées. — Et il n'y a là que
la moitié tout au plus de l'œuvre.

Tout à l'extrémité, de chaque côté de l'*Hamlet*, qui
s'avance l'épée à la main sur le visiteur, deux figures
attirent. L'eau-forte placée en tête de ces pages reproduit l'une d'elles. Debout, en costume de travail, le bé-
ret sur le front, les mains aux hanches, se reculant,
clignant des yeux, dans l'attitude de l'artiste qui se rend
compte de l'effet obtenu, c'est Manet que je salue. L'autre
s'arrête au buste. Le peintre, coiffé d'un chapeau rond
à bords larges, tient d'une main sa palette et médite.
C'est de nouveau Manet, mais moins enlevé, moins en
dehors. La première silhouette, quoique simplement in-
diquée, me rend mieux l'homme, est plus familière et
plus juste d'allures[1]. Devant ces deux portraits, une

---

1. Il existe plusieurs portraits de Manet. Le plus connu est celui
qu'exposa M. Fantin-Latour en 1863. Manet, debout, le chapeau sur la

émotion vous étreint. On détourne la tête, on explore la longue salle, on évoque le souvenir de ce disparu, qui emplissait de sa gaieté, de son bon rire, de ses reparties vives et spirituelles l'espace morne à présent, et l'on s'éloigne le cœur serré, frappé par les beautés de l'œuvre, attristé par le départ de l'ouvrier.

tête, le stick à la main, se prépare à sortir. C'est une œuvre vigoureuse et bien vivante. M. Fantin-Latour introduisit également son ami dans le groupe de *l'Hommage à Delacroix*. Vers la même époque, Alphonse Legros donna un Manet au Salon des Refusés. Les graveurs Bracquemond, Desboutins, Guérard nous ont conservé les traits du maître, qui fut enfin caricaturé souvent, entre autres par André Gill, Alfred Le Petit, Darré, etc.

XXVI

Manet et Manebit.

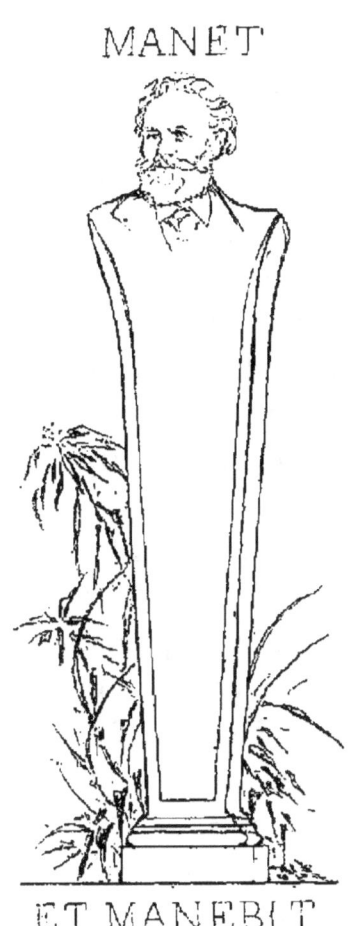

MANET

ET MANEBIT

Un jour ou l'autre, une étude sera écrite sur Manet. Celui qui a très hâtivement rassemblé, les soudant tant bien que mal, les notes qu'on vient de lire, n'a prétendu que dresser un document fidèle, où sont suivis, jour par jour, les efforts et les combats d'un artiste épris du vrai. On en peut tirer des conclusions ; peut-être ce travail servira-t-il à éclairer des esprits hésitants, mais il ne fixe pas une physionomie, il n'approfondit pas une œuvre, il ne définit pas une esthétique. Il fournit des renseignements dont l'auteur répond, il exprime des sentiments intimes, avec le parti pris de la sincérité : voilà tout.

Mais il est indispensable que la tâche soit reprise, ou plutôt recommencée. Manet, c'est toute une époque, toute une étape, toute une évolution, et une biographie ne suffit pas à marquer son passage dans l'art.

Sa carrière se résume en une ascension continue vers la lumière et la vérité, et présente cette extraordinaire particularité que chaque manifestation du peintre est un acheminement, une transition, pour ainsi dire, vers une expression nouvelle de sa conception intérieure. Il copie d'abord, il s'inspire ensuite; il tâtonne, il s'évade, il se possède; il s'épanouit et cherche encore. Il a, dès le début, entrevu sa formule. Il n'était pas alors question de plein air. Peindre d'après les yeux, non d'après l'imagination, fut son programme. Il ne concevait pas la réalité idéalisée et, sous prétexte d'idéalisme, cessant d'être réelle. Il considérait la nature comme un modèle posé devant lui et ne se croyait pas plus le droit de la flatter par des interprétations, qu'il ne se croyait le droit de faire des portraits menteurs. Il était pénétré de cette idée que le peintre a ce devoir primordial et supérieur : la fidélité. La fiction, pourquoi? Le travestissement, pourquoi? Il sentait comme un primitif.

Il n'était pas douteux que, partant en croisade contre les traditions, les conventions et les divinités, il devait, à plus d'un carrefour, rencontrer des champions désespérés de l'ancienne idolâtrie. Il n'évita pas leur embuscade, et lui, l'assiégeant, il devint l'assiégé. On le cribla de ces traits : le rire, la moquerie, le sarcasme, le quolibet. Et il n'avait pour se protéger contre la pluie des projectiles qu'un bouclier, sa confiance. Lorsqu'il se dégagea des influences et qu'il fut sorti des hésitations, il abandonna les vieilles méthodes, réfléchit que toute forme colorée est une combinaison des phénomènes lumineux, et pratiqua ce système des taches qu'on lui a si aigrement reproché. Des taches, cela exclut le dessin, disait-on. Ajouter des plaques à des plaques, ce n'est pas modeler : c'est tout au plus courir la chance d'obtenir des ensembles décoratifs, mais pas de lignes.

Il est une expérience bien simple, bien dépourvue de complications, que tout le monde est à même de tenter. Considérez la photographie d'un tableau de Manet. La couleur étant absente, il vous sera difficile de vous abuser. Il ne subsiste que le trait, l'arrangement harmonique, l'équilibration des plans. Eh oui ! La photographie vous donne précisément ce que vous niez. Les contours sont justes, les lointains sont à leur place, les valeurs sont rendues exactement. Vous constaterez en plus une intensité de vie, une rondeur des formes, une aération naturelle. Sont-ce des vices ? Si ce sont des vices, réjouissez-vous : ils ne sont pas communs.

Avoir pénétré les secrets des rayons et des ombres, s'être aperçu que ceux-ci ne sont pas uniquement des traînées blanches ni celles-là des traînées noires, mais qu'ils se décomposent, que le rayon et l'ombre ont des reflets et que les figures influent sur l'ambiance, c'est une découverte qui compte, — et qui surtout comptera, — dans l'avenir de la peinture. Déjà plus d'un en profita, et bien des jeunes en ont fait la base de leur recherche, se lançant avec méthode dans la voie ouverte. La majorité le reconnaît et le proclame. Manet novateur n'est guère contesté. On accepte généralement qu'il a procuré un essor à l'art contemporain. Progrès énorme ! Il y a vingt ans, ceux qui le devinaient, même à ce point de vue restreint, se faisaient des réputations de mystificateurs ou d'aliénés.

Ce qui soulève les contradictions, à présent, c'est que

ce novateur soit plus qu'un novateur. Qu'il ait créé une
école; soit. Qu'il soit le précurseur attendu, passe. Mais, à

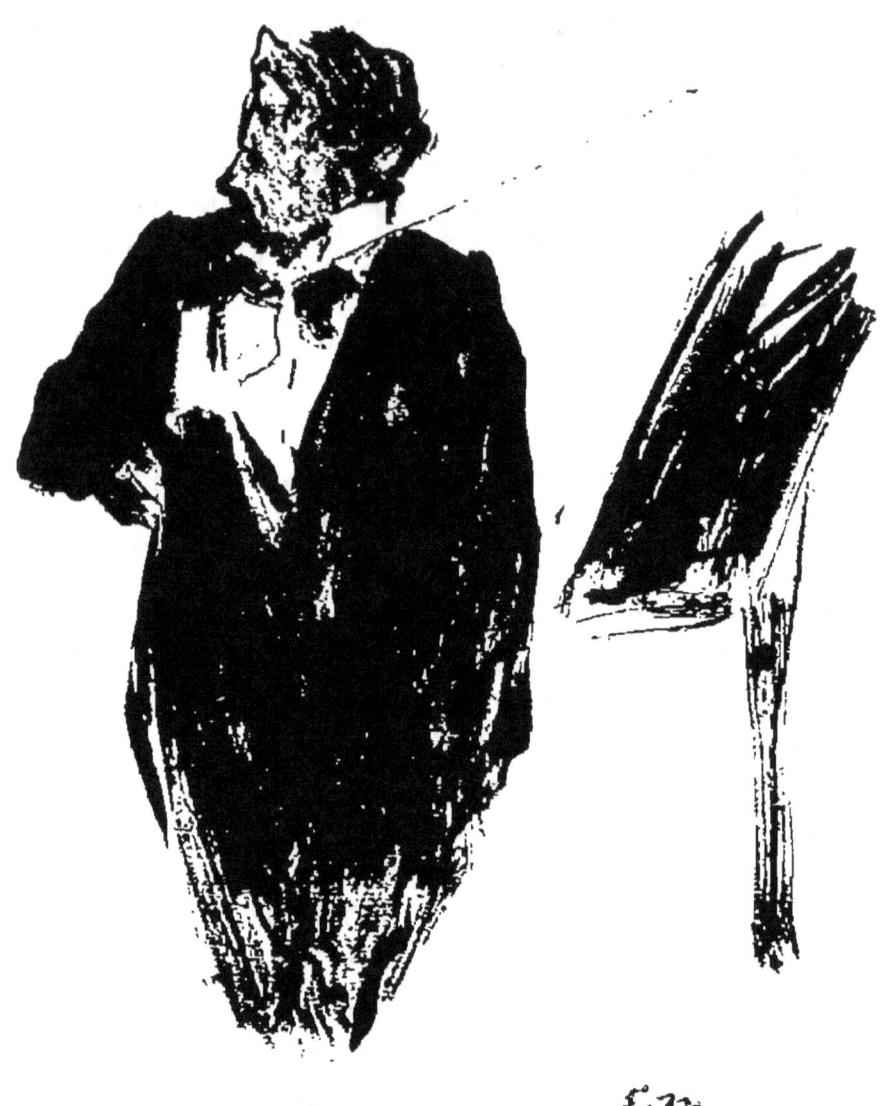

DESSIN D'ÉDOUARD MANET.

entendre des gens d'une bienveillance récalcitrante, s'il
est possible que de ses indications il résulte des œuvres
supérieures, il ne produisit, lui personnellement, rien qui

mérite de vivre, et ce qu'il fit de mieux ne sera pas plus digne du Louvre, après sa mort, que du Luxembourg pendant sa vie.

Remarquez que ce langage est une concession. Manet n'est plus un grotesque, un fantasque, un bohème, un poseur, un charlatan, un saltimbanque. C'est un initiateur. On lui accorde cela.

Seulement, on ne lui accorde que cela. Il n'aura été qu'une sorte de professeur, incapable de produire lui-même une œuvre durable, l'équivalent d'un professeur de chant qui n'aurait pas de voix. J'avoue que ce jugement me confond.

Assurément, mon fanatisme ne va pas jusqu'à soutenir que la totalité de l'œuvre soit impeccable. L'exécution ne répondit pas toujours à la pensée maîtresse. Mais comment ne pas admettre que certains morceaux expriment absolument, à un degré qui ne sera pas dépassé, le concept du maître? Le *Toréador saluant*, le portrait d'Éva Gonzalès, le *Bon bock*, *Chez le père Lathuille*, qui marquent de façon si précise les étapes parcourues, sont évidemment des productions complètes, où la pratique la plus habile seconde la théorie la moins douteuse. Toutes les quatre sont des points de repère en cet art rajeuni, et, par une progression normale, à mesure que les années se passent, l'audace des premières manifestations s'estompe.

Et les marines! A part ce *Combat du Kearsage et de l'Alabama*, si discuté et si prodigieux, qui condamnerait le *Port de Bordeaux*, cette forêt de mâts adroitement enchevêtrée et merveilleusement agitée par le souffle d'en haut et le bousculement d'en bas, ou le *Port de Boulogne*, sous la lune, s'enfonçant et s'élargissant dans la nuit bleue, avec toutes les impressions nocturnes, et toutes les clartés, et toutes les brumes ?

Et les portraits ! Manet fut un portraitiste d'abord. Pour lui, tout est portrait. Il regarde, établit ses plans, prend position, met en lumière ce qui doit saillir, et, sûr de lui, transporte sur la toile vierge l'image que voient ses yeux. Il n'est point possédé de la passion commune de l'embellissement. Il est franc avec ses modèles. Il dit aux figures leurs vérités. En une tête humaine il voit une manifestation de la nature, et il ne ment pas plus avec les hommes qu'avec les arbres[1].

En dehors des portraits commandés, — ou offerts, — il se plaisait à introduire, dans les sujets qu'il composait, les figures de ses amis ou de ses camarades. Le *Jardin des Tuileries* fourmille de personnalités reconnaissables ; le *Bal de l'Opéra* présente un intérêt pareil ; sur le *Balcon*, c'est le paysagiste Guillemet qui se tient debout, — on le traita pour ce fait de petit-crevé (il y a longtemps). — L'*Enfant à l'épée*, c'est Léon Leenhoff, qui reparaît dans le *Déjeuner*, et qui est aussi l'*Enfant au plateau;* Gustave Manet inspira le *Toréador saluant ;* M. Astruc pince la guitare dans la *Leçon de musique; Nana* est une beauté connue ; la *Femme aux éventails* s'appelle Mme Nina de V.; les longues moustaches du *Café-Concert*

1. Manet a peint un grand nombre de portraits dont, sauf quelques omissions possibles et probables, voici la liste :

Peinture : Mmes Morizot, E. Manet, B..., Éva Gonzalès, Émilie Ambre, de Conflans. MM. Zola, Astruc, Rouvière, Théodore Duret, de Jouy, Clémenceau, Wolf, Antonin Proust, Rochefort, Faure, Desboutins, Malarmé, Pertuiset.

Pastel : Mmes Dupaty, L..., Madeleine Lemaire, Zola, Lévy, Guillemet, Manet, Massin, Marie Colombier, Méry Laurent, Valtesse. MM. Maureau, Cabaner, Moore, Constant Guys.

Gravure : Mmes de V... et Baudelaire, Vignaux, Courbet.

appartiennent à l'excellent graveur Guérard. Avec quelque patience, dans tous les personnages du peintre vous reconnaîtrez des personnalités coudoyées.

On se demandera la raison de cette insistance à cette place. Cette insistance n'a d'autre but que de démontrer que Manet ne peignait pas au hasard des figures imaginées, et que jusque dans les foules, jusque dans les grouillements, il avait l'horreur de ce fléau banal exprimé par ce mot argotique et laid : le « chic ».

C'est là un crime, en somme.

M. Meissonier, pour me servir d'un exemple palpable, travaille de chic. On raconte, — et cette légende a couru les revues, — que, pour peindre la *Retraite de Russie,* le lieutenant-colonel fit apporter la neige dans son atelier, sous forme de papier découpé, qu'on étendait sur le parquet. Le même projette-t-il de dessiner un cavalier sur sa bête, il installe sur un cheval de bois un de ses domestiques, qui tantôt tend la bride, tantôt est martial, tantôt est affairé, tantôt combat, et tantôt expire. Quand Manet, amené devant les *Cuirassiers,* fut invité à donner son avis, il dit :

— Tout est en fer ici, excepté les cuirasses.

Il avait une profonde horreur de ces procédés-là. Ses sévérités se condensaient en un mot pour juger qui les employait. Les phrases acérées qu'il décocha créèrent plus d'un ennemi à sa peinture. Bien des critiques à son adresse eurent pour origine quelque appréciation rigoureuse prononcée à haute voix. Il aimait rire, était le meilleur enfant du monde, mais, devant un tableau sans conscience, s'exaspérait. Cause de rancunes.

Insensiblement, ces rancunes s'apaisent. Le public se renouvelle, les opinions se forment, les horizons s'entr'ouvrent; l'incident qui motiva des colères s'oublie, on regarde avec sérénité, sans céder aux arrière-pensées qui obscurcissent la vision. Et ce qui était demeuré incom-

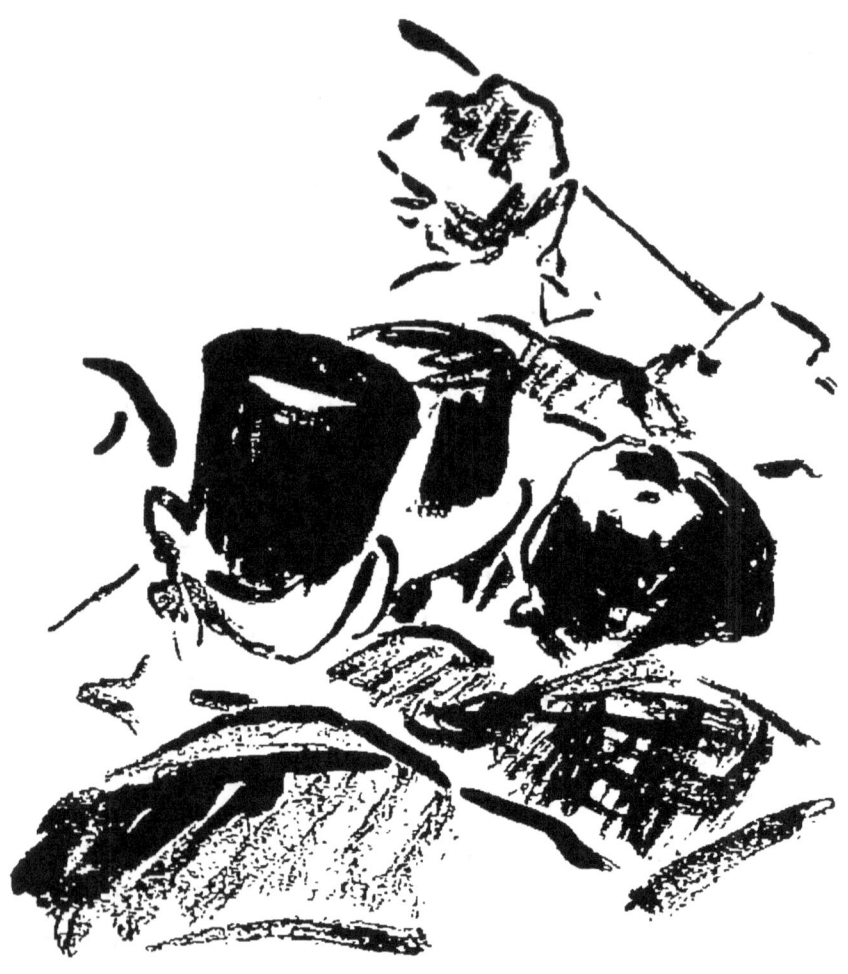

AU THÉATRE.

(Croquis d'Edouard Manet.)

préhensible s'éclaircit soudain ; les voiles se déchirent. La justice se fait.

Depuis plusieurs années, elle se faisait. Les amateurs qui achetaient des Manet n'étaient plus traités de

« toqués ». A la vente Beaucé, à la vente Faure, à la vente Hoschedé, on le vit bien. Les amitiés qui se groupaient étaient sérieuses et fortes. Il en fut d'illustres. Michelet encouragea Manet.

Ce qui n'empêchait pas, — tant il est douloureux de s'arracher à une vieille idée où l'on se complut, — de se méfier toujours de tout ce qui venait de ce vaste esprit. Les choses les plus simples, sortant de sa bouche, prenaient la proportion d'une énormité.

Une preuve :

En avril 1879, il adressa au préfet de la Seine et au président du Conseil municipal la lettre que voici :

Monsieur,

J'ai l'honneur de soumettre à votre haute appréciation le projet suivant pour la décoration de la salle des séances du Conseil municipal dans le nouvel Hôtel de Ville de Paris :

Peindre une série de compositions, représentant, pour me servir d'une expression aujourd'hui consacrée et qui peint bien ma pensée : « le Ventre de Paris », avec les diverses corporations se mouvant dans leur milieu, la vie publique et commerciale de nos jours. J'aurais Paris-Halles, Paris-Chemins de fer, Paris-Port, Paris-Souterrains, Paris-Courses et Jardins.

Pour le plafond, une galerie autour de laquelle circuleraient dans des mouvements appropriés tous les hommes vivants, qui, dans l'élément civil, ont contribué ou contribuent à la grandeur et à la richesse de Paris.

Veuillez agréer, etc.   ÉDOUARD MANET.

Artiste peintre, né à Paris,
77, rue d'Amsterdam.

« Signé Manet! » dit le préfet. « Signé Manet! » dit le président. Et le signataire — est-ce croyable? — ne reçut pas de réponse.

Il est vrai qu'on s'est ravisé et que le projet du réprouvé a été non seulement adopté, mais élargi, et que maintenant, dans toutes les mairies de Paris, d'immenses panneaux racontent la vie contemporaine, empruntant leurs sujets aux scènes ordinaires et gardant, pour l'avenir, les épisodes familiers ou topiques de notre génération. Gervex a fourni le *Canal Saint-Martin*, Blanchon le *Mariage* et *les Halles*, et partout des tableaux sont commandés pour apporter la variété et la couleur dans les salles froides des édifices municipaux.

On ne répondit pas à Manet. Mais on se conforma à ses desseins, et c'est à lui, en somme, qu'est due cette décoration moderne.

Précieux augure! Les préventions effacées annoncent que d'autres préventions s'effaceront. Combien, après tout, exècrent Manet, qui ne connaissent de lui que ce qu'en écrivirent des littérateurs affolés. « Un homme qui voit violet! » est la récrimination fréquente, à moins que ce ne soit « un homme qui voit bleu! » Une année, son tableau eut des reflets violets, une autre il eut des reflets bleus. Et, prenant la partie pour le tout, les badauds généralisèrent ce qui était un cas particulier.

Mais, malheureux! il y a du bleu dans la nature et du violet aussi, et le pinceau n'est pourtant pas obligé de remplacer le violet par du rose, ou le bleu par de l'orange. A certaines heures, quand le soleil est oblique et se retire, les eaux s'azurent d'un azur foncé ; en plein été, dans la saison des canotiers, ce phénomène se reproduit quotidiennement, et le sol se colore d'amarante sous la feuillée épaisse et chaude, entre les troncs qui s'enveloppent de nuances de chair. Regardez, comparez, et si vous n'êtes pas affligés d'un incurable daltonisme, vous confesserez vos erreurs...

Je me souviens d'avoir eu, un soir, un entretien avec un honorable maître de langues, à qui un ami facétieux avait affirmé que j'abhorrais la musique de Wagner.

Il me félicita, le brave homme. Il s'indigna contre les gens sans goût qui applaudissent le compositeur bavarois. Il traita de la belle façon le *Lohengrin* et la *Walkyrie*, — ces cacophonies, etc., — et cette ordure bruyante : *Parsifal!* Je me permis alors de l'interroger sur les théâtres où il avait entendu les opéras qui le révoltaient :

— Moi, répéta-t-il fièrement en redressant une belle calvitie, moi! aller entendre de ces épouvantables tintamarres! Monsieur, sachez que je me respecte trop pour les honorer de mon attention. Je ne connais pas une note de ce Wagner, et cela prouve assez que je ne lui trouve aucun talent.

Eh bien! pour beaucoup d'acharnés qui dénigrent Manet, il est présumable qu'il en est de même. Comme on n'écoutait pas l'un, on ne regarda pas l'autre et l'on se forma ainsi un jugement irrévocable. Ce qui me console, un moment viendra où ceux qui n'ont pas vu verront, et où ceux qui ont mal vu verront mieux.

Tout récemment, j'eus l'occasion de conduire devant l'*Olympia* un de mes confrères qui avait gardé de l'exposition de 1863 une impression détestable. Il la considéra longuement, fut longtemps pensif. Finalement il murmura :

— C'est drôle. Cela ne me produit plus le même effet.

Chez ceux-ci, un revirement; pour ceux-là, une révélation : voilà ce qui se prépare, ce qui est fatal.

Avant peu d'années, l'État lui-même devra s'incliner

et acquérir, pour ses collections, une ou plusieurs œuvres de ce grand peintre, qui, en dépit de toutes les hostilités, est une des figures les plus éclatantes de l'art français. Lui, absent du Louvre, c'est une lacune impardonnable, un trou dans l'histoire artistique de notre pays. Ses détracteurs eux-mêmes, invités à délibérer sur cette question, n'oseraient s'opposer à ce qu'il prît place entre Corot et Courbet, — pour qui jadis on fit aussi pas mal de difficultés. C'est la destinée des forts d'être assaillis par les ouragans, — et de les vaincre. Pour les ennemis aussi bien que pour les amis, pour le dénigrement comme pour l'admiration, il est indispensable que Manet reste, et il n'est pas douteux qu'il restera. La devise qu'il s'était composée, en jouant sur son nom, est une prophétie : *Manet et manebit.*

Paris, 7 décembre 1883.

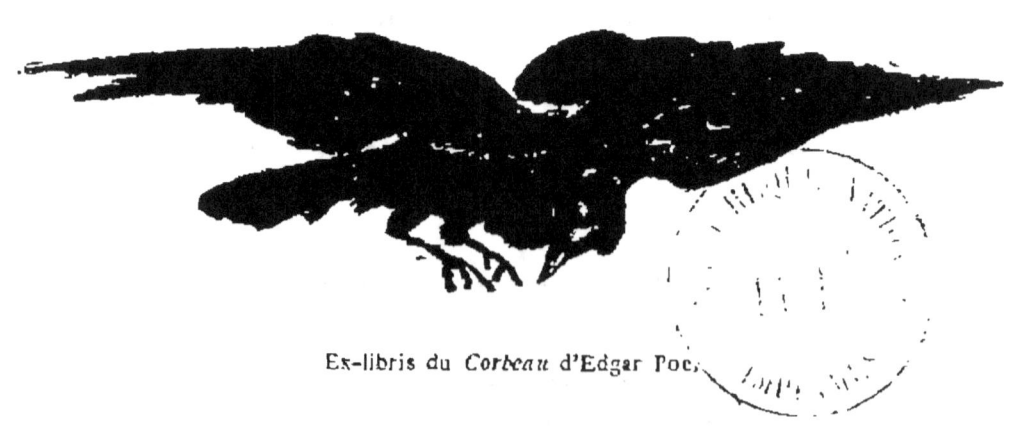

Ex-libris du *Corbeau* d'Edgar Poe.

TABLE

DES PLANCHES HORS TEXTE

———

———

TABLE DES MATIÈRES

———

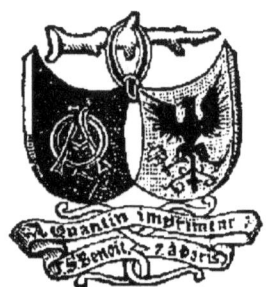

A Quantin imprimeur
J.S.Benoit 7 à Paris

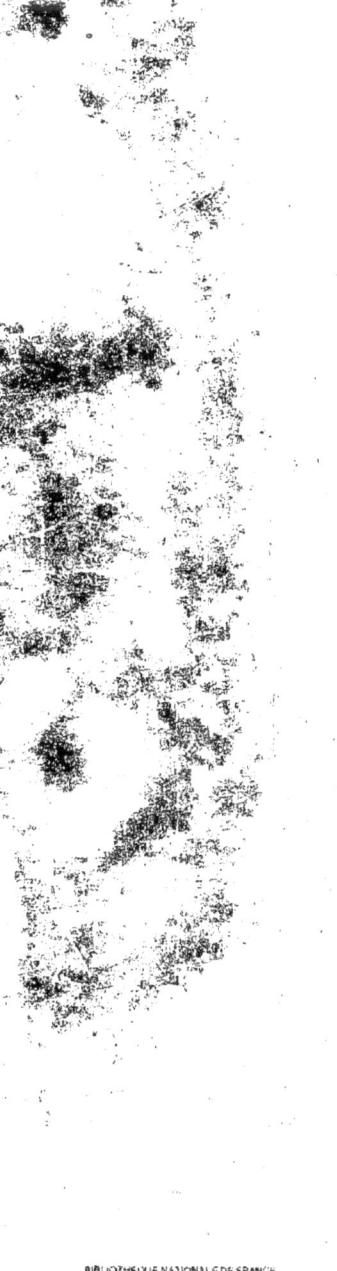

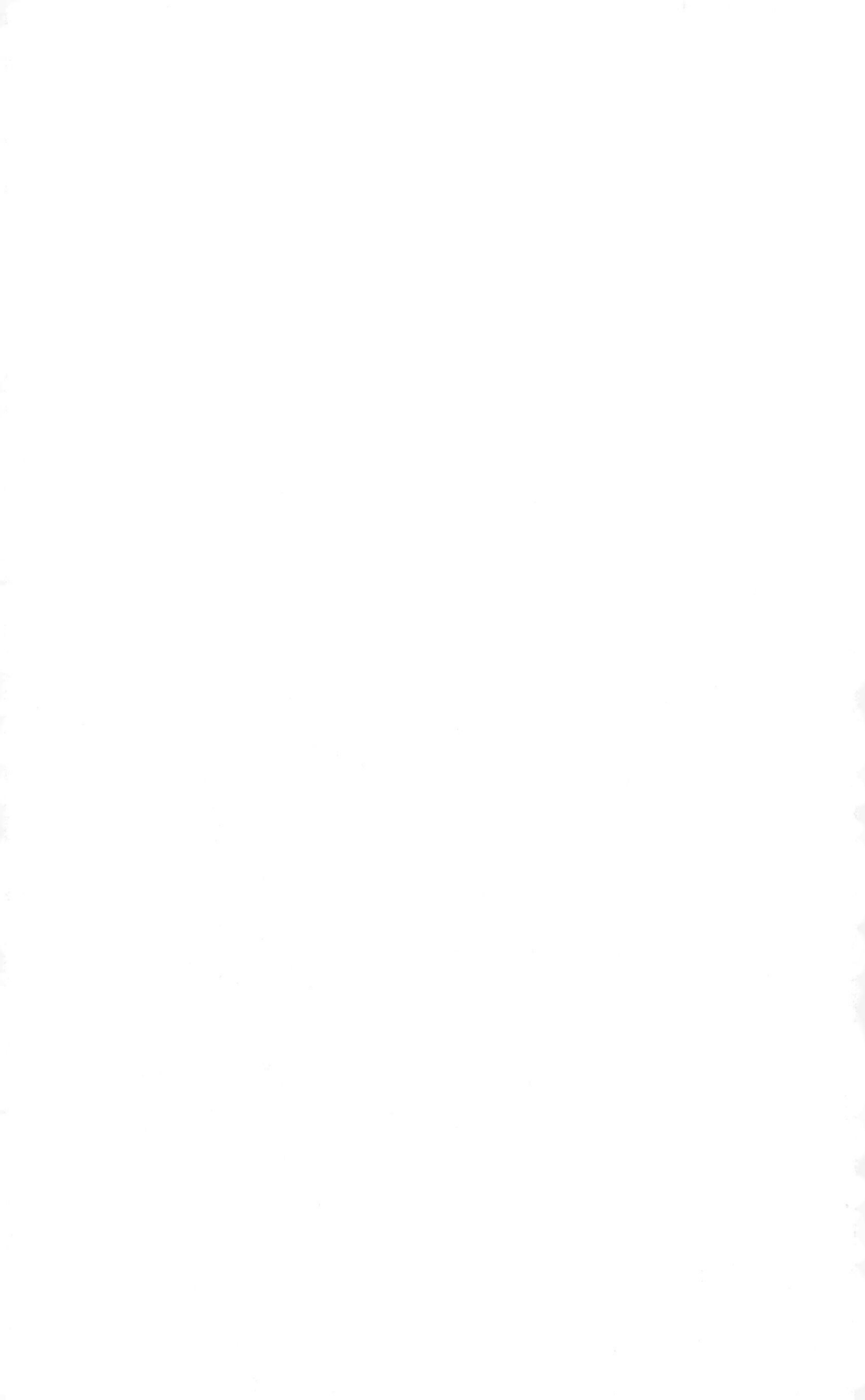